초등학생을 위한
예쁜 글씨 바른 맞춤법

초등학생을 위한

예쁜 글씨 바른 맞춤법

초판 1쇄 인쇄 2025년 9월 13일
초판 1쇄 발행 2025년 9월 25일

펴낸이 | 최윤하
펴낸곳 | 정민미디어
주소 | (151-834) 서울시 관악구 행운동 1666-45, 3층
전화 | 02-888-0991
팩스 | 02-871-0995
이메일 | pceo@daum.net
홈페이지 | www.hyuneum.com
편집 | 뿌리
표지디자인 | 뿌리

ⓒ 정민미디어

ISBN 979-11-24022-00-9 (63710)

초등학생을 위한
예쁜 글씨 바른 맞춤법

한 번에 잡는 글씨체 + 맞춤법 습관

초등 국어 종합편

글·그림 모란콘텐츠연구소

정민미디어

이 책을 활용하는 방법

우리 학생들은 손으로 글씨를 쓰는 일이 무척 많습니다. 수업 시간에 필기할 때, 시험을 볼 때, 친구들에게 알릴 사항이 있을 때 등등 하루에 적어도 한 번 이상은 손으로 글씨를 써야 합니다.

그래서 예쁜 글씨체를 가진 친구가 부럽고, 나도 글씨를 잘 쓰고 싶다는 생각이 들기도 하지요.

1장 틀리기 쉬운 우리말

우리말은 모음 하나 자음 하나 때문에 뜻이 달라지기도 하고 없는 말이 되기도 합니다. 틀리기 쉬운 우리말을 따라 쓰면서 올바르게 사용하는 연습을 해 보세요.

- 단어의 뜻을 설명하고 있습니다. 단어에 따라 의미와 띄어쓰기가 다른 동음이의어가 있어서 정확하게 알려주기 위해 설명을 넣었습니다.

- **한번** 설명한 단어가 쓰이는 경우를 알려주고 있습니다.

- **두번** 올바른 말이 쓰이는 경우를 문장을 통해 보여 주고 있습니다. 따라 쓰면서 쓰임새를 익힙니다.

- **세번** 여러 번 따라 쓰면서 글씨체를 예쁘게 교정할 수 있도록 합니다.

2장 비슷한 발음 뜻이 다른 말

발음이 비슷해도 뜻이 완전히 다르거나, 똑같은 발음인데도 뜻이 다른 단어가 있습니다. '-든지'와 '-던지', '-로서'와 '-로써' 등을 어떻게 써야 맞는 것인지 알아봅니다. 비슷해서 더욱 헷갈리는 50가지 경우를 수록했습니다.

- 단어의 뜻을 설명하고 있습니다. 단어에 따라 의미와 띄어쓰기가 다른 동음이의어가 있어서 정확하게 알려주기 위해 설명을 넣었습니다.

- **한번** 설명한 단어가 쓰이는 경우를 알려주고 있습니다.

- **두번** 올바른 말이 쓰이는 경우를 문장을 통해 보여 주고 있습니다. 어떤 단어를 써야 할지 올바른 말을 연결해 보고 빈칸에 씁니다.

- **세번** 여러 번 따라 쓰면서 글씨체를 예쁘게 교정할 수 있도록 합니다.

손으로 글씨를 쓰면 근육의 사용이 뇌를 자극해서 뇌 발달에도 효과가 있다고 해요. 손으로 글씨를 쓰는 것은 여러 모로 참 필요한 일인 것 같습니다.

그런데 손으로 글씨를 쓰면서 맞춤법에 틀리게 쓴다면 그보다 창피한 일도 없을 거예요. 이 책은 바른 맞춤법을 익히면서 동시에 예쁘게 글자를 쓸 수 있도록 도와줍니다. 안내하는 대로 세 번만 따라 쓰면 국어 맞춤법 실력도 올라가고 예쁜 글씨체도 내 것으로 만들 수 있을 거예요.

3장 헷갈리는 띄어쓰기

학생들이 맞춤법에 대해 질문을 가장 많이 하는 것이 띄어쓰기예요. '낱말과 낱말은 띄어 쓰고 조사는 붙여 쓴다'는 원칙만 지키면 되는데 어떤 단어가 조사이고 어떤 단어가 낱말인지 헷갈릴 때도 많아요. 평소 띄어쓰기를 몹시 헷갈리게 했던 단어들을 공부해 봅니다.

- 단어의 뜻을 설명하고 있습니다. 단어에 따라 의미와 띄어쓰기가 다른 동음이의어가 있어서 정확하게 알려주기 위해 설명을 넣었습니다.

- **한 번** 설명한 단어가 쓰이는 경우를 알려주고 있습니다.

- **두 번** 띄어쓰기를 바르게 표시하고 따라 쓰는 부분입니다.

- **세 번** 여러 번 따라 쓰면서 글씨체를 예쁘게 교정할 수 있도록 합니다.

4장 올바른 외래어

외래어는 습관이나 고유한 상표 때문에 자주 틀리는 부분입니다. '소리 나는 대로 적는다'는 원칙이 있어서 외래어도 분명한 표기법이 존재합니다. 올바른 외래어를 공부합니다.

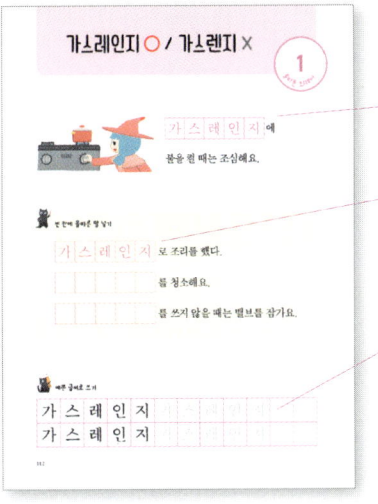

- **한 번** 설명한 단어가 쓰이는 경우를 알려주고 있습니다.

- **두 번** 올바른 말이 쓰이는 경우를 문장을 통해 보여 주고 있습니다. 세 번만 따라 쓰면 외래어 표기법도 완벽해져요.

- **세 번** 여러 번 따라 쓰면서 글씨체를 예쁘게 교정할 수 있도록 합니다.

차례

우리 속담에 '아 다르고 어 다르다'는 말이 있습니다.

말 그대로 모음 하나, 자음 하나에

뜻이 완전히 달라지는 경우가 많아서 헷갈리죠.

틀리기 쉬운 우리말을 따라 쓰면서

올바르게 사용하는 법을 익혀 둡시다.

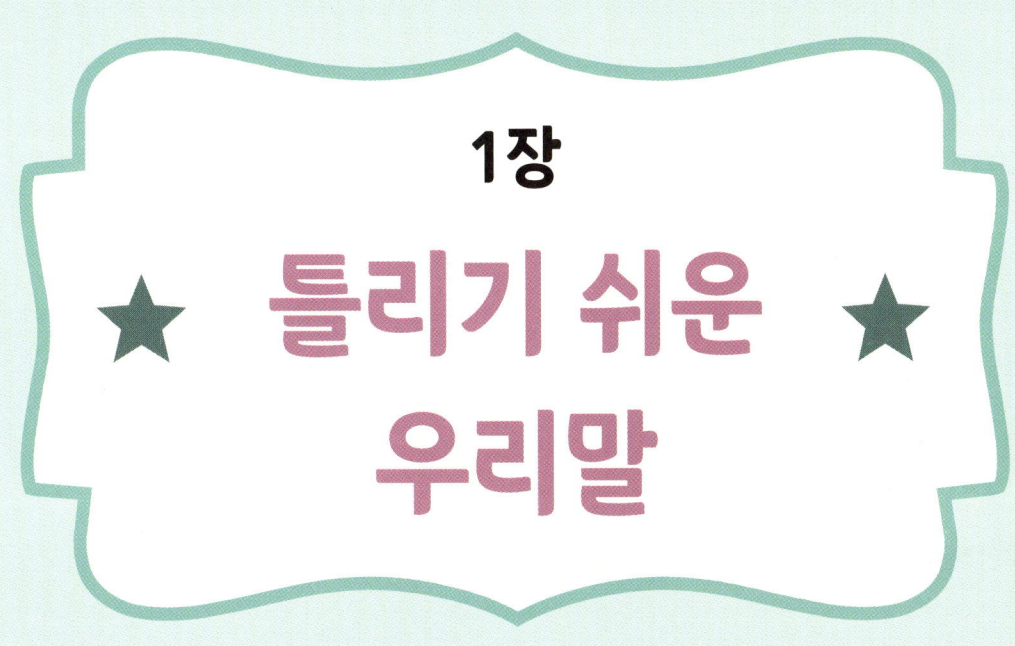

1장

★ **틀리기 쉬운** ★
우리말

갈게 ○ / 갈께 ✕

[어떤 행동을 할 것을 약속하는 뜻으로 사용되는 말은 '-ㄹ게'입니다.]
['께'로 발음되지만 '게'로 적는 것이 맞는 표기입니다.]

이것만 마저 하고 얼른 | 갈 | 게 | .

 빈칸에 올바른 말 넣기

| 갈 | 게 |

이따가 | | | .

잠시 쉬었다 | | | .

예쁜 글씨로 쓰기

| 갈 | 게 | 갈 | 게 | 갈 | 게 | 갈 | 게 | 갈 | 게 | 갈 | 게 |
| 갈 | 게 | 갈 | 게 | 갈 | 게 | 갈 | 게 | 갈 | 게 | 갈 | 게 |

깍두기 ○ / 깎두기 ✕

['무를 작고 네모나게 썰어서 소금에 절인 후 고춧가루 따위의 양념과
버무려 만든 김치'를 일컫는 말은 '깍두기'입니다.]

깍	두	기

를 담그려면

먼저 무를 썰어야지.

 빈칸에 올바른 말 넣기

깍	두	기

김치 | | | |

| | | | 를 담그려고 무를 나박나박 썰었다.

예쁜 글씨로 쓰기

깍	두	기	깍	두	기	깍	두	기	깍	두	기
깍	두	기	깍	두	기	깍	두	기	깍	두	기

깨끗이 ○ / 깨끗히 ✕

["끝음절이 분명히 '이'로 나는 것은 '-이'로 적는다"라는 맞춤법 규정에 따라]
'깨끗이'로 적습니다.

자기 책상은 스스로 깨 | 끗 | 이

정리합니다.

 빈칸에 올바른 말 넣기

깨 | 끗 | 이

☐ | ☐ | ☐ 청소하다.

밥을 먹으려면 손을 ☐ | ☐ | ☐ 씻어야지.

예쁜 글씨로 쓰기

깨	끗	이	깨	끗	이	깨	끗	이	깨	끗	이
깨	끗	이	깨	끗	이	깨	끗	이	깨	끗	이

끼어들다 〇 / 끼여들다 ✕

['자기 순서나 자리가 아닌 틈 사이를 비집고 들어서다'라는
뜻을 가진 말은 '끼어들다'입니다.]

내가 말하는데 네가 왜 자꾸

끼	어	들	어

?

 빈칸에 올바른 말 넣기

끼	어	들	다

			기

를 일삼는 운전자.

대화 도중에

			지

마라.

 예쁜 글씨로 쓰기

끼	어	들	다	끼	어	들	다	끼	어	들	다
끼	어	들	다	끼	어	들	다	끼	어	들	다

나무꾼 ⭕ / 나뭇군 ❌

[명사 뒤에 붙여 쓰는 '-꾼'은 어떤 일을 전문적으로 하는 사람 또는 '어떤 일을
습관적으로 하는 사람'을 뜻합니다. 예) 구경꾼, 낚시꾼, 노름꾼, 사냥꾼]

지금 읽는 그림책은

선녀와 | 나 | 무 | 꾼 | 이야.

 빈칸에 올바른 말 넣기

| 나 | 무 | 꾼 |

| | | | 과 산신령.

| | | | 이 지게를 지고 산을 올라갔다.

예쁜 글씨로 쓰기

| 나 | 무 | 꾼 | 나 | 무 | 꾼 | 나 | 무 | 꾼 | 나 | 무 | 꾼 |
| 나 | 무 | 꾼 | 나 | 무 | 꾼 | 나 | 무 | 꾼 | 나 | 무 | 꾼 |

낭떠러지 ○ / 낭떨어지 ✗

'깎아지른 듯한 언덕'을 뜻하는 말은 '낭떠러지'입니다.
비슷한 말로는 '벼랑'과 '절벽'이 있습니다.

낭	떠	러	지

바위틈에 핀 들꽃

 빈칸에 올바른 말 넣기

낭	떠	러	지

가파른 ☐☐☐ .

버스가 ☐☐☐ 로 굴러떨어졌다.

예쁜 글씨로 쓰기

낭	떠	러	지	낭	떠	러	지	낭	떠	러	지
낭	떠	러	지	낭	떠	러	지	낭	떠	러	지

담그다 ⭕ / 담구다 ❌

['담그다'는 '액체 속에 넣다' 또는 '김치나 장의 재료를 버무려 놓다'는 뜻으로]
[쓰입니다.]

요리 학교에서 젓갈

| 담 | 그 | 는 | 법을 배웁니다.

빈칸에 올바른 말 넣기

| 담 | 그 | 다 |

계곡에 발을 ☐☐☐.

겨울 내내 먹으려고 김장 김치를 ☐☐.

예쁜 글씨로 쓰기

| 담 | 그 | 다 | 담 | 그 | 다 | 담 | 그 | 다 | 담 | 그 | 다 |
| 담 | 그 | 다 | 담 | 그 | 다 | 담 | 그 | 다 | 담 | 그 | 다 |

두루뭉술하다 ○ / 두루뭉실하다 X

['모나거나 튀지 않고 둥그스름하다' 또는 '말이나 행동 따위가 철저하거나
분명하지 아니하다'라는 뜻을 가진 말은 '두루뭉술하다'입니다.]

두	루	뭉	술	하	게

말하면 무슨 뜻인지 잘 모르겠어.

빈칸에 올바른 말 넣기

두	루	뭉	술	하	다

한 얼굴.

현수의 성격은 | | | | | 하다.

예쁜 글씨로 쓰기

두	루	뭉	술	하	다	두	루	뭉	술	하	다
두	루	뭉	술	하	다	두	루	뭉	술	하	다

뒤치다꺼리 ○ / 뒤치닥거리 X

['뒤에서 일을 보살펴서 도와주는 일'이라는 뜻을 가진 말은 '뒤치다꺼리'입니다.]
[헷갈리기 쉬운 '뒤치닥거리'는 표준어가 아닙니다.

유치원에 가는 동생을

뒤	치	다	꺼	리

하는 건

귀찮아.

 빈칸에 올바른 말 넣기

뒤	치	다	꺼	리

아이들 ☐☐☐☐☐ 로 바쁘다.

남의 ☐☐☐☐☐ 가 지긋지긋하다.

예쁜 글씨로 쓰기

뒤	치	다	꺼	리	뒤	치	다	꺼	리		
뒤	치	다	꺼	리	뒤	치	다	꺼	리		

며칠 ⭕ / 몇일 ❌

['어원이 분명하지 아니한 것은 원형을 밝히어 적지 아니한다'라는
맞춤법 규정에 따라 '며칠'이 맞는 표기입니다.]

| 며 | 칠 | 동안 연락이 없어서

궁금했어.

 빈칸에 올바른 말 넣기

| 며 | 칠 |

| | | 동안 내린 비.

| | | 사이에 새록새록 싹이 돋아났다.

 예쁜 글씨로 쓰기

| 며 | 칠 | 며 | 칠 | 며 | 칠 | 며 | 칠 | 며 | 칠 | 며 | 칠 |
| 며 | 칠 | 며 | 칠 | 며 | 칠 | 며 | 칠 | 며 | 칠 | 며 | 칠 |

부서뜨리다 ⭕ / 부셔뜨리다 ❌

['단단한 물체를 깨어서 여러 조각이 나게 하다'라는 뜻을 가진 말은]
['부서뜨리다'입니다.]

파도가 모래성을

부	서	뜨	리	고

다시 멀어진다.

 빈칸에 올바른 말 넣기

부	서	뜨	리	다

애써 만든 걸 ☐☐☐☐ 면 안 되지.

장난감을 ☐☐ 렸다.

예쁜 글씨로 쓰기

부	서	뜨	리	다	부	서	뜨	리	다		
부	서	뜨	리	다	부	서	뜨	리	다		

설거지 ○ / 설겆이 ✗

['먹고 난 뒤의 그릇을 씻어 정리하는 일'을 이르는 말은 '설거지'로 적어야 합니다.]

엄마의 | 설 | 거 | 지 | 를 도와줄래?

 빈칸에 올바른 말 넣기

| 설 | 거 | 지 |

그릇은 [| |] 통에 담으렴.

자기가 먹은 그릇은 자기가 [| |] 해요.

예쁜 글씨로 쓰기

| 설 | 거 | 지 | 설 | 거 | 지 | 설 | 거 | 지 | 설 | 거 | 지 |
| 설 | 거 | 지 | 설 | 거 | 지 | 설 | 거 | 지 | 설 | 거 | 지 |

설레다 ○ / 설레이다 ✗

['마음이 가라앉지 아니하고 들떠서 두근거리다'는 뜻을 가진 말은 '설레다'입니다.]
[흔히 잘못 쓰는 '헤매이다' 역시 '헤매다'가 맞는 말입니다.]

설	레	는	

마음으로 답장을 쓴다.

 빈칸에 올바른 말 넣기

설	레	다

헤	매	다

설	레	는
마음으로 첫 등교를 했다.

강아지를 찾아 동네를 | 헤 | 매 | 고 | 다녔다.

 예쁜 글씨로 쓰기

설	레	다	설	레	다	설	레	다	설	레	다
헤	매	다	헤	매	다	헤	매	다	헤	매	다

세뇌 ○ / 쇄뇌 ✗

['세뇌'는 어떤 생각을 따르도록 뇌에 반복적으로 인식시키는 일을 말합니다.
흔히 종교나 사상에 심취하면 '세뇌되었다'고 표현하죠.]

뇌에 각인되도록

| 세 | 뇌 | 를 당했다.

 빈칸에 올바른 말 넣기

| 세 | 뇌 |

| | | 교육

| | | 를 당해서 충고를 듣지 않는다.

 예쁜 글씨로 쓰기

| 세 | 뇌 | 세 | 뇌 | 세 | 뇌 | 세 | 뇌 | 세 | 뇌 | 세 | 뇌 |
| 세 | 뇌 | 세 | 뇌 | 세 | 뇌 | 세 | 뇌 | 세 | 뇌 | 세 | 뇌 |

손사래 ⭕ / 손사레 ❌

['어떤 말이나 사실을 부인하거나 손을 펴서 휘젓는 행동'을 뜻하는 말입니다.]

수레를 끄는 할머니는

| 손 | 사 | 래 | 를 치며 거절하셨다.

빈칸에 올바른 말 넣기

| 손 | 사 | 래 |

| | | 랫 | 짓하다.

칭찬 받을 일이 아니라며 | | | | 를 쳤다.

 예쁜 글씨로 쓰기

| 손 | 사 | 래 | 손 | 사 | 래 | 손 | 사 | 래 | 손 | 사 | 래 |
| 손 | 사 | 래 | 손 | 사 | 래 | 손 | 사 | 래 | 손 | 사 | 래 |

솔직히 ⭕ / 솔직이 ❌

["끝음절이 분명히 '이'로 나는 것은 '-이'로 적고, '히'로만 나거나 '이'나 '히'로 끝나는 것은 '-히'로 적는다"라는 맞춤법 규정에 따라 '솔직히'로 적습니다.]

솔	직	히

저 옷은 마음에 안 들어.

빈칸에 올바른 말 넣기

솔	직	히

말해라.

털어놓고 용서를 구해라.

예쁜 글씨로 쓰기

솔	직	히	솔	직	히	솔	직	히	솔	직	히
솔	직	히	솔	직	히	솔	직	히	솔	직	히

아무튼 ⭕ / 아뭏든 ❌

['아무튼'은 '아무러하다'에 '든'이 붙어 만들어진 말입니다.
상관없다는 의미로 쓰는 아무튼은 아무튼으로 써야 하는 거죠.]

| 아 | 무 | 튼 |

시험은 늘 어려워!

 빈칸에 올바른 말 넣기

아	무	튼

| | | | 고맙습니다.

| | | | 불행 중 다행이었어.

예쁜 글씨로 쓰기

아	무	튼	아	무	튼	아	무	튼	아	무	튼
아	무	튼	아	무	튼	아	무	튼	아	무	튼

어물쩍 ○ / 어물쩡 ✕

['어물쩍'은 '말이나 행동을 일부러 분명하게 하지 아니하고
적당히 살짝 넘기는 모양'을 뜻하는 말입니다.]

과제를 | 어 | 물 | 쩍 |

넘어갈 생각은 하지 마라.

 빈칸에 올바른 말 넣기

| 어 | 물 | 쩍 |

| | | 대다.

| | | 넘어가려고 딴청을 부렸다.

 예쁜 글씨로 쓰기

| 어 | 물 | 쩍 | 어 | 물 | 쩍 | 어 | 물 | 쩍 | 어 | 물 | 쩍 |
| 어 | 물 | 쩍 | 어 | 물 | 쩍 | 어 | 물 | 쩍 | 어 | 물 | 쩍 |

어이없다 ○ / 어의없다 ✗

['일이 너무 뜻밖이어서 기가 막히는 듯하다'라는 뜻을 가진 말은 '어이없다'입니다.
'어처구니없다'와 같은 뜻입니다.]

그런 말을 하다니 참으로

어	이	없	다

.

빈칸에 올바른 말 넣기

어	이	없	다
			는

표정으로 쓴웃음을 지었다.

			이

틀린 문제

예쁜 글씨로 쓰기

어	이	없	다	어	이	없	다	어	이	없	다
어	이	없	다	어	이	없	다	어	이	없	다

오랜만 ○ / 오랫만 ✗

['오랜만'은 어떤 일이 있는 때로부터 긴 시간이 지난 뒤의 의미를 가진 '오래간만'의 준말입니다.]

방학이 끝나고 | 오 | 랜 | 만 |에

친구를 만나 반가웠다.

 빈칸에 올바른 말 넣기

| 오 | 랜 | 만 |

| | | |에 내린 비.

엄마와 나는 | | | |에 여행을 했다.

 예쁜 글씨로 쓰기

| 오 | 랜 | 만 | 오 | 랜 | 만 | 오 | 랜 | 만 | 오 | 랜 | 만 |
| 오 | 랜 | 만 | 오 | 랜 | 만 | 오 | 랜 | 만 | 오 | 랜 | 만 |

으스대는 ⭕ / 으시대는 ❌

['우쭐거리며 뽐내다'라는 뜻을 가진 말은 '으스대다'입니다.]
[따라서 '으스대는'이 맞는 표기입니다.]

춤 좀 춘다고

으	스	대	는

꼴이라니.

 빈칸에 올바른 말 넣기

으	스	대	는

거들먹거리며 [ ][ ][ ][다].

성공했다고 [ ][ ][ ] 꼴이 보기 안 좋았다.

예쁜 글씨로 쓰기

으	스	대	는	으	스	대	는	으	스	대	는
으	스	대	는	으	스	대	는	으	스	대	는

일부러 ⭕ / 일부로 ❌

['일부러'는 '어떤 목적이나 생각을 가지고' 또는 '알면서도 마음을 숨기고'를
의미하는 말입니다.]

| 일 | 부 | 러 | 그런 건 아닌데,

미안해.

빈칸에 올바른 말 넣기

| 일 | 부 | 러 |

| | | 못 들은 척했다.

화를 낼까 봐 | | | 거짓말을 했다.

예쁜 글씨로 쓰기

| 일 | 부 | 러 | 일 | 부 | 러 | 일 | 부 | 러 | 일 | 부 | 러 |
| 일 | 부 | 러 | 일 | 부 | 러 | 일 | 부 | 러 | 일 | 부 | 러 |

트림 ⭕ / 트름 ❌

['트름'은 '트림'의 잘못된 표기입니다.]

트림 이 안 나와서

속이 너무 답답해.

빈칸에 올바른 말 넣기

트림

☐ 이 나오도록 등을 좀 두들겨 줘.

콜라를 마시고 끄윽 ☐ 을 했다.

예쁜 글씨로 쓰기

트	림	트	림	트	림	트	림	트	림	트	림
트	림	트	림	트	림	트	림	트	림	트	림

하마터면 ⭕ / 하마트면 ❌

['조금만 잘못하였더라면'을 뜻하는 '하마터면'은 위험한 상황을 겨우 벗어났을 때 쓰는 말입니다.]

하 마 터 면

지각을 할 뻔했어.

 빈칸에 올바른 말 넣기

하 마 터 면

| | | | | 기차를 놓칠 뻔했어.

헛디뎌서 | | | | 넘어질 뻔했다.

 예쁜 글씨로 쓰기

하 마 터 면 하 마 터 면 하 마 터 면

하 마 터 면 하 마 터 면 하 마 터 면

우리말에는 발음은 비슷하지만
뜻이 다른 단어가 많습니다.
음식물을 잘못 삼켜 기침이 날 땐
'사레걸리다/사래걸리다/사례걸리다' 중
어떤 것을 써야 바른 표기인지 헷갈리죠.
함께 공부해요.

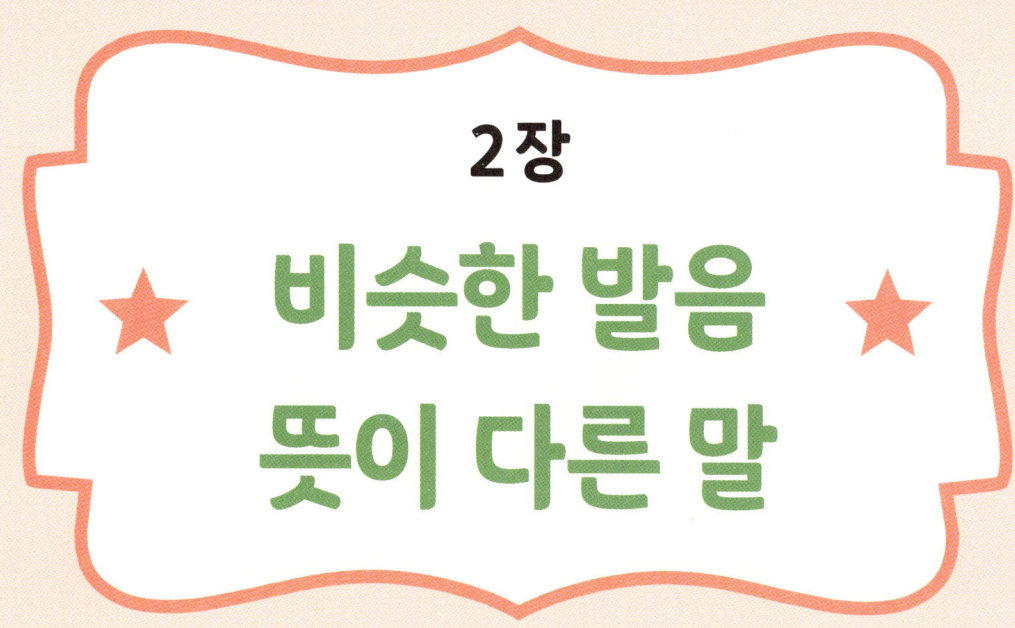

2장

★ **비슷한 발음** ★
뜻이 다른 말

-든지 / -던지

['-든지'는 '어느 것을 선택해도 상관없는 일들을 나열할 때' 쓰는 말입니다.
'-던지'는 과거의 일을 판단할 때 쓰는 말입니다. '-든지'가 붙으면 선택할 수
있는 것이고 '-던지'가 붙으면 과거에 일어났던 일이라고 기억하면 쉬워요.]

먹든지 말든지는 든지 ,

어찌나 까다롭던지는 던지 .

바른 의미 짝 짓기

든지 •　　• 얼마나 고맙 ☐☐ 자꾸 눈물이 나려 했다.

던지 •　　• 가든지 말 ☐☐ 네 마음대로 해.

 예쁜 글씨로 쓰기

| 든 | 지 | 든 | 지 | 든 | 지 | 든 | 지 | 든 | 지 | 든 | 지 |
| 던 | 지 | 던 | 지 | 던 | 지 | 던 | 지 | 던 | 지 | 던 | 지 |

-로서 / -로써

지위, 신분, 자격을 나타내는 말 뒤에는 '-로서'를 사용하고, 어떤 일의 수단이나 도구 또는 원료나 재료를 나타내는 말 뒤에는 '-로써'를 사용합니다.

붓 으로써 수채화

그리는 법을 가르쳐 줄게.

 바른 의미 짝 짓기

로서 •   • 반장으□□ 모범을 보여야 한다.

로써 •   • 말□□ 다 해결하려고?

예쁜 글씨로 쓰기

로	서	로	서	로	서	로	서	로	서	로	서
로	써	로	써	로	써	로	써	로	써	로	써

-률 / -율

[앞말에 'ㄴ' 외의 받침이 있는 말에는 '률'로 표기해요. 예) 경쟁률, 취업률, 성장률]
앞말에 'ㄴ' 받침이 있거나 받침이 없으면 '율'로 표기해요.
[예) 감소율, 이자율, 생존율, 불문율]

| 법 | 률 | 에 근거하여 상을 줍니다.

| 규 | 율 | 을 지키지 않으면 불이익이 따릅니다.

 바른 의미 짝 짓기

법 •   • 률

규 •   • 율

선 •   • 률

합격 •   • 율

예쁜 글씨로 쓰기

| 율 | 율 | 율 | 율 | 율 | 율 | 율 | 율 | 율 | 율 | 율 | 율 |
| 률 | 률 | 률 | 률 | 률 | 률 | 률 | 률 | 률 | 률 | 률 | 률 |

-배기 / -박이

'-배기'는 '그 나이를 먹은 아이' 또는 '가득 차 있다'는 뜻입니다.
예) 다섯 살배기, 알배기
'-박이'는 무엇이 박혀 있는 사람이나 짐승을 뜻합니다. 예) 점박이, 외눈박이

세 | 살 | 배 | 기 | 조카의 제일 친한 친구는

점 | 박 | 이 | 강아지야.

 바른 의미 짝 짓기

한 살 •　　　　　　• 박이

알 •　　　　　　• 박이

오이소 •　　　　　　• 배기

차돌 •　　　　　　• 배기

 예쁜 글씨로 쓰기

배	기	배	기	배	기	배	기	배	기	배	기
박	이	박	이	박	이	박	이	박	이	박	이

-장이 / -쟁이

[기술자, 즉 장인의 뜻이면 '-장이'로 그렇지 않으면 '-쟁이'로 적습니다.]
앞에 오는 단어가 직업을 의미하면 '-장이'라고 불러요.

양복 장 이 에게 옷을 맞추어 입다니

멋 쟁 이 가 다 되었군.

 바른 의미 짝 짓기

개구 •	• 쟁이
멋 •	• 장이
옹기 •	• 장이
대장 •	• 쟁이

예쁜 글씨로 쓰기

장	이	장	이	장	이	장	이	장	이	장	이
쟁	이	쟁	이	쟁	이	쟁	이	쟁	이	쟁	이

42

-채 / -체

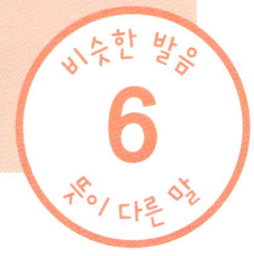

['채'는 이미 있는 그 상태 그대로를 뜻하고, '체'는 행동이나 상태를 거짓으로
그럴듯하게 꾸밈을 나타내는 말입니다.]

그만 화난 체 하고 밥을 먹으렴.

선 채 로 계속 그러고 있을 거니?

 바른 의미 짝 짓기

체 •　　　　• 벌거벗은 임금님은 옷을 입은 □ 했다.

채 •　　　　• 의자에 앉은 □ 두 손을 번쩍 들었다.

 예쁜 글씨로 쓰기

채	채	채	채	채	채	채	채	채	채	채	채
체	체	체	체	체	체	체	체	체	체	체	체

가르치다 / 가리키다

가르치다는 '지식이나 기능, 이치 따위를 깨닫거나 익히게 하다'는 뜻이에요.
가리키다는 '손가락 따위로 어떤 방향이나 대상을 집어서 보이거나
말하거나 알리다'는 뜻입니다.

| 가 | 르 | 치 | 다 | 는 지식을, |

| 가 | 리 | 키 | 다 | 는 방향을, |

바른 의미 짝 짓기

가리키다 •   • 인사 예절을 ☐☐☐☐.

가르치다 •   • 나침반이 남쪽을 ☐☐☐☐.

예쁜 글씨로 쓰기

| 가 | 르 | 치 | 다 | 가 | 르 | 치 | 다 | 가 | 르 | 치 | 다 |
| 가 | 리 | 키 | 다 | 가 | 리 | 키 | 다 | 가 | 리 | 키 | 다 |

결단 / 결딴

['결단'은 '결정적인 판단이나 단정'을 의미하는 말이고, '결딴'은 '어떤 일이나
물건이 아주 망가져서 도무지 손을 쓸 수 없게 된 상태'를 뜻하는 말입니다.]

무슨 | 결 | 단 | 을 내리지 않으면 안 돼.

수해로 살림이 | 결 | 딴 | 나고 말았어.

 **바른 의미 짝 짓기**

결단 •　　　• 너는 우리 관계를 아주 | | | 낼 작정이냐?

결딴 •　　　• 마침내 대통령은 최종 | | | 을 내렸다.

 예쁜 글씨로 쓰기

결	단	결	단	결	단	결	단	결	단	결	단
결	딴	결	딴	결	딴	결	딴	결	딴	결	딴

결제 / 결재

['결제'는 돈을 주고받아서 거래 관계를 끝맺는 일을 뜻합니다.]
['결재'는 안건을 검토하여 허가하거나 승인하는 일을 뜻해요.]

결	제

를 해주려면 사장님의

결	재

가 있어야 하는데.

 바른 의미 짝 짓기

- 대금

- 결제 ☐☐

- 서류

- 결재 ☐☐

예쁜 글씨로 쓰기

결	제	결	제	결	제	결	제	결	제	결	제
결	재	결	재	결	재	결	재	결	재	결	재

낫다 / 낳다

'낫다'는 '보다 좋거나 앞서 있다 또는 병이나 상처 따위가 고쳐져 본래대로 되다'를 뜻하는 말입니다. '낳다'는 '아이나 새끼, 알을 몸 밖에 내놓다'라는 뜻을 가진 말이에요.

우리집 고양이가 새끼를 낳 았 어 .

 **바른 의미 짝 짓기**

- 낫다

- 낳다

- 귀여운 옥동자를 [ ][ ] .

- 이웃이 사촌보다 [ ][ ] .

예쁜 글씨로 쓰기

낫	다	낫	다	낫	다	낫	다	낫	다	낫	다
낳	다	낳	다	낳	다	낳	다	낳	다	낳	다

너머 / 넘어

['넘어'는 "담장을 넘어 간다"처럼 동작을 나타내고,
'너머'는 공간이나 공간의 위치를 나타내는 말입니다.]

학교 담장 너머 로

공이 날아갔어.

바른 의미 짝 짓기

넘어 •　　• 유리창 　　로 우뚝 솟은 탑이 보였다.

너머 •　　• 고개를 　　고향 마을에 도착했다.

예쁜 글씨로 쓰기

너	머	너	머	너	머	너	머	너	머
넘	어	넘	어	넘	어	넘	어	넘	어

늘리다 / 늘이다

['늘이다'는 '길이를 길게 하다'라는 뜻이고,
'늘리다'는 '수나 양을 많게 하다'라는 뜻이랍니다.]

고무줄을 | 늘 | 이 | 다 |.

 바른 의미 짝 짓기

- 늘여   • 목을 길게 | | | 창밖을 내다보았다.

- 늘려   • 재산을 | | | 부자가 되었다.

예쁜 글씨로 쓰기

| 늘 | 이 | 다 | 늘 | 이 | 다 | 늘 | 이 | 다 | 늘 | 이 | 다 |
| 늘 | 리 | 다 | 늘 | 리 | 다 | 늘 | 리 | 다 | 늘 | 리 | 다 |

다르다 / 틀리다

비슷한 발음 **13** 뜻이 다른 말

'비교가 되는 두 대상이 서로 같지 아니하다'라는 뜻으로 쓸 때는 '다르다'를 쓰고, '셈이나 사실 따위가 그르게 되거나 어긋나다'라는 뜻으로 쓸 때는 '틀리다'를 써야 해요.

| 다 | 른 | 생각을 가진 게

| 틀 | 린 | 것은 아니야.

바른 의미 짝 짓기

다른 •　　• 우리는 서로 　　　 생각을 하고 있었다.

틀린 •　　• 계산을 잘못해서 　　　 답을 적고 말았어.

예쁜 글씨로 쓰기

| 다 | 르 | 다 | 다 | 르 | 다 | 다 | 르 | 다 | 다 | 르 | 다 |

| 틀 | 리 | 다 | 틀 | 리 | 다 | 틀 | 리 | 다 | 틀 | 리 | 다 |

둘러싸다 / 둘러쌓다

['둘러싸다'는 '둥글게 에워싸다'라는 뜻이고, '둘러쌓다'는]
'둘레를 빙 둘러서 물건을 쌓다'라는 뜻입니다.

꼬마들이 꼬물꼬물 기어가는 애벌레를

둘	러	싸	고

구경하기 시작했다.

 바른 의미 짝 짓기

둘러싸다 •

• 벽돌로 [ ][ ][ ][ ] 담을 만들었다.

둘러쌓아 •

• 깨질까 봐 겹겹이 [ ][ ][ ][ ] .

예쁜 글씨로 쓰기

둘	러	싸	다	둘	러	싸	다	둘	러	싸	다
둘	러	쌓	다	둘	러	쌓	다	둘	러	쌓	다

드러내다 / 들어내다

'드러내다'는 '가려 있거나 보이지 않던 것이 보이게 되다' 또는
'알려지지 않은 사실이 널리 밝혀지다'라는 뜻입니다.
'들어내다'는 '물건을 들어서 밖으로 옮기다'라는 뜻이어서 의미도 많이 다릅니다.

책상을 들 어 내 니

잃어버린 연필들이 잔뜩 있었다.

 바른 의미 짝 짓기

드러내다 •

• 옷장에서 낡은
옷가지들을 ☐☐☐☐ .

들어내다 •

• 가뭄이 들어서 저수지가
바닥을 ☐☐☐☐ .

🐱 예쁜 글씨로 쓰기

| 드 | 러 | 내 | 다 | 드 | 러 | 내 | 다 | 드 | 러 | 내 | 다 |

| 들 | 어 | 내 | 다 | 들 | 어 | 내 | 다 | 들 | 어 | 내 | 다 |

들르다 / 들리다

['들르다'는 '지나는 길에 잠깐 들어가 머무르다'라는 의미를 갖는 말이고,
'들리다'는 '듣다'에서 나온 말입니다.]

마트에 | 들 | 러 | 서 | 생수를 샀다.

바른 의미 짝 짓기

들렀다 •　　• 집에 가는 길에 도서관에 □□□ .

들렸다 •　　• 교실에서 시끄러운 소리가 □□□ .

예쁜 글씨로 쓰기

| 들 | 르 | 다 | 들 | 르 | 다 | 들 | 르 | 다 | 들 | 르 | 다 |
| 들 | 리 | 다 | 들 | 리 | 다 | 들 | 리 | 다 | 들 | 리 | 다 |

뛰다 / 띄다

비슷한 발음
17
뜻이 다른 말

['뛰다'는 달리기와 같은 의미로 쓰지요.
'띄다'는 '눈에 보이다'를 뜻하는 '뜨이다'를 줄여 쓴 말이랍니다.]

카멜레온의 변색은 눈에 | 띄 | 지 |

않으려는 위장술이야.

 바른 의미 짝 짓기

뛰면 •   • 사람들 눈에 | | | 바로 알아차릴 거야.

띄면 •   • 마스크를 하고 | | | 견딜 수 없이 숨이 차.

예쁜 글씨로 쓰기

| 뛰 | 다 | 뛰 | 다 | 뛰 | 다 | 뛰 | 다 | 뛰 | 다 | 뛰 | 다 |
| 띄 | 다 | 띄 | 다 | 띄 | 다 | 띄 | 다 | 띄 | 다 | 띄 | 다 |

맞추다 / 맞히다

'서로 조화를 이루다 또는 순서를 똑바르게 하다'라는 뜻으로 사용하는 말은 '맞추다'입니다. 비슷한 발음의 '맞히다'는 '쏘거나 던진 물체가 어떤 물체에 닿다'라는 뜻입니다.

양말의 짝을 | 맞 | 추 | 어 | 놓다.

 바른 의미 짝 짓기

맞히다 •   • 수요와 공급의 균형을 | | | |.

맞추다 •   • 과녁의 정중앙을 | | | |.

예쁜 글씨로 쓰기

| 맞 | 추 | 다 | 맞 | 추 | 다 | 맞 | 추 | 다 | 맞 | 추 | 다 |
| 맞 | 히 | 다 | 맞 | 히 | 다 | 맞 | 히 | 다 | 맞 | 히 | 다 |

매다 / 메다

'매다'는 '끈이나 줄을 몸에 두르거나 감아 잘 풀어지지 않게 마디를 만들다'라는
의미이고, '메다'는 '어깨에 걸거나 올려놓다'는 뜻으로 신체 중에는
어깨에만 쓰여요. 그리고 감정이 북받쳐 올 때도 '목메다'라고 씁니다.

아빠가 넥타이를 　매　고　계셔.

 바른 의미 짝 짓기

매다 •　　　　　• 신발 끈을 꽉 　　　.

메다 •　　　　　• 책가방을 어깨에 　　　.

예쁜 글씨로 쓰기

| 매 | 다 | 매 | 다 | 매 | 다 | 매 | 다 | 매 | 다 | 매 | 다 |
| 메 | 다 | 메 | 다 | 메 | 다 | 메 | 다 | 메 | 다 | 메 | 다 |

56

머지않아 / 멀지 않아

['머지않다'는 시간적으로 멀지 않다는 뜻이고, '멀지 않다'는 공간적으로 멀지 않다는 뜻입니다.]

머	지	않	아

내가 1등을

할 날이 올 거야.

🐱 바른 의미 짝 짓기

머지않아 • • [ ] [ ] [ ] 소식이 올 것이다.

멀지 않아 • • 여기서 서울역까지는 [ ] [ ] .

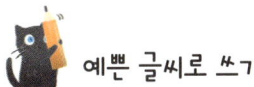 예쁜 글씨로 쓰기

머	지	않	아	머	지	않	아	머	지	않	아
멀	지	않	아		멀	지		않	아		

무난하다 / 문안하다

['무난하다'는 '별로 어려움이 없다'라는 의미로 쓰는 말이고,
'문안하다'는 '웃어른께 안부를 여쭈다'라는 뜻으로 쓰는 말입니다.]

어른께 인사드리는 것을

| 문 | 안 |

여쭌다고 해.

 **바른 의미 짝 짓기**

무난하게 •

• 할아버지께 ☐☐ 인사를
드리러 갔다.

문안 •

• 이번 시험은 ☐☐☐☐ 봤어.

예쁜 글씨로 쓰기

| 무 | 난 | 하 | 다 | 무 | 난 | 하 | 다 | 무 | 난 | 하 | 다 |
| 문 | 안 | 하 | 다 | 문 | 안 | 하 | 다 | 문 | 안 | 하 | 다 |

바라다 / 바래다

'바라다'는 생각이나 바람대로 어떤 일이나 상태가 이루어지거나
그렇게 되었으면 하고 생각하는 것을 일컫는 말입니다.
'바래다'는 '볕이나 습기를 받아 색이 변하다'라는 의미를 가진 말이에요.

무엇이든 햇볕에 오래 두면

색이 | 바 | 래 | 지 |.

 바른 의미 짝 짓기

바라지 •

• 요행수를 | | | | 마라.

바랬다 •

• 햇빛에 종이 색이 | | | |.

예쁜 글씨로 쓰기

| 바 | 라 | 다 | 바 | 라 | 다 | 바 | 라 | 다 | 바 | 라 | 다 |
| 바 | 래 | 다 | 바 | 래 | 다 | 바 | 래 | 다 | 바 | 래 | 다 |

59

바치다 / 받치다

['바치다'는 '정중하게 드리거나 아낌없이 내놓는' 것을 의미합니다.]
['받치다'는 '물건의 밑이나 옆에 다른 물체를 대다'라는 뜻입니다.]

턱을 손으로 | 받 | 치 | 고 | 골똘히

생각에 잠기다.

바른 의미 짝 짓기

바치고 •
• 음료수를 쟁반에 | | | | 갖고 가요.

받치고 •
• 국가와 민족을 위해 목숨을 | | | |
돌아가신 애국지사들.

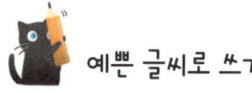예쁜 글씨로 쓰기

| 바 | 치 | 다 | 바 | 치 | 다 | 바 | 치 | 다 | 바 | 치 | 다 |
| 받 | 치 | 다 | 받 | 치 | 다 | 받 | 치 | 다 | 받 | 치 | 다 |

반드시 / 반듯이

['반드시'는 '꼭, 틀림없이'라는 뜻이고 '반듯이'는]
['반듯하게'라는 뜻입니다.]

| 반 | 듯 | 이 | 개어 놓은 체육복

 바른 의미 짝 짓기

반드시 •　　　• 어깨를 [　][　][　] 펴고 걸어라.

반듯이 •　　　• 통일은 [　][　] 이루어져야 한다.

예쁜 글씨로 쓰기

| 반 | 드 | 시 | 반 | 드 | 시 | 반 | 드 | 시 | 반 | 드 | 시 |
| 반 | 듯 | 이 | 반 | 듯 | 이 | 반 | 듯 | 이 | 반 | 듯 | 이 |

발명 / 발견

 비슷한 발음 **25** 뜻이 다른 말

'발명'은 이제까지 없던 기술이나 물건을 새로 생각하여 만들어 내는 것이고,
'발견'은 존재하는데 아직 알려지지 않은 사물이나 현상을
찾아내는 것을 뜻하는 말입니다.

과학창의 경진 대회에 나갈

| 발 | 명 | 아이디어가 필요해요.

 바른 의미 짝 짓기

발명 •   • 에디슨은 전구를 [　|　] 했다.

발견 •   • 콜럼버스는 신대륙을 [　|　] 했다.

예쁜 글씨로 쓰기

| 발 | 견 | 발 | 견 | 발 | 견 | 발 | 견 | 발 | 견 | 발 | 견 |
| 발 | 명 | 발 | 명 | 발 | 명 | 발 | 명 | 발 | 명 | 발 | 명 |

버리다 / 벌이다

['버리다'는 '가지거나 지니고 있을 필요가 없는 물건을 내던지거나 쏟거나 하다'의 뜻을 가진 말입니다. 헷갈리기 쉬운 '벌이다'는 '일을 계획하여 시작하거나 펼쳐 놓다'라는 뜻을 가진 말이에요.]

매주 수요일은 재활용 쓰레기를

갖다 | 버 | 리 | 는 | 날이에요.

 바른 의미 짝 짓기

버리다 •

벌이다 •

• 미련을 | | | .

• 불매운동을 | | .

예쁜 글씨로 쓰기

| 버 | 리 | 다 | 버 | 리 | 다 | 버 | 리 | 다 | 버 | 리 | 다 |
| 벌 | 이 | 다 | 벌 | 이 | 다 | 벌 | 이 | 다 | 벌 | 이 | 다 |

부치다 / 붙이다

['부치다'는 '편지나 물건을 보내거나 어떤 문제를 다른 데로 넘기다'라는
뜻을 가진 말입니다. 비슷한 발음의 '붙이다'는 '맞닿아 떨어지지 않게 하다'라는
뜻을 가진 말이에요.]

편지를 | 부 | 치 | 려 | 면 | 우표를 먼저

| 붙 | 여 | 야 | 지 | .

  바른 의미 짝 짓기

부치다 •   • 책상을 벽에 | | | | .

붙이다 •   • 학급의 안건을 회의에 | | | | .

부치다 •   • 택배를 | | | .

예쁜 글씨로 쓰기

| 부 | 치 | 다 | 부 | 치 | 다 | 부 | 치 | 다 | 부 | 치 | 다 |
| 붙 | 이 | 다 | 붙 | 이 | 다 | 붙 | 이 | 다 | 붙 | 이 | 다 |

붇다 / 붓다

'부피가 커지다'라는 뜻으로 쓸 때에는 '붇다'를 쓰고, '살가죽이나 어떤 기관이 부풀어 오르다' 혹은 '어떤 물건에 더하다'의 뜻을 나타낼 때에는 '붓다'를 씁니다.

쌀에 물을 붓고 잘 끓여서

죽을 만들어요.

바른 의미 짝 짓기

붇다 •   • 밑 빠진 독에 물 ☐☐.

붓기 •   • 울어서 눈이 ☐☐.

붓다 •   • 체중이 한꺼번에 ☐☐.

예쁜 글씨로 쓰기

| 붇 | 다 | 붇 | 다 | 붇 | 다 | 붇 | 다 | 붇 | 다 | 붇 | 다 |
| 붓 | 다 | 붓 | 다 | 붓 | 다 | 붓 | 다 | 붓 | 다 | 붓 | 다 |

비추다 / 비치다

29
뜻이 다른 말

['비추다'는 '다른 대상에 빛을 보내어 밝게 하다'를 의미하고,]
['비치다'는 '빛이 나서 환하게 되다'를 뜻하는 말입니다.]

전등을 | 비 | 추 | 니 | 날벌레들이

날아들어.

 바른 의미 짝 짓기

비추었다 •   • 문틈으로 햇빛이 | | | .

비쳤다 •   • 거울에 얼굴을 | | | .

예쁜 글씨로 쓰기

| 비 | 추 | 다 | 비 | 추 | 다 | 비 | 추 | 다 | 비 | 추 | 다 |
| 비 | 치 | 다 | 비 | 치 | 다 | 비 | 치 | 다 | 비 | 치 | 다 |

사레 / 사례

음식을 잘못 삼켜 기침이 갑자기 터져 나오는 것은 '사레들다'라고 써야 합니다.
'사례'는 어떤 일이 그 전에 일어났음을 뜻하는 말입니다.

물을 마시다 갑자기 | 사 | 레 | 들었어.

 바른 의미 짝 짓기

사레 •　　• 급하게 마시면 | | | 들어.

사례 •　　• 그런 | | | 가 있는지 조사하다.

예쁜 글씨로 쓰기

사	레	사	레	사	레	사	레	사	레	사	레
사	례	사	례	사	례	사	례	사	례	사	례

섞다 / 썩다

['섞다'는 '두 가지 이상의 것을 합치다'의 뜻이고, '썩다'는 '부패하여
나쁜 냄새가 나고 형체가 뭉개지는 상태가 되다'의 뜻입니다.]

이를 잘 닦지 않으면 금세 | 썩 | 어 |.

 바른 의미 짝 짓기

섞은 •   • 어디선가 생선 | | | 냄새가 났다.

썩은 •   • 세 가지 재료를 | | | 요리를 했다.

예쁜 글씨로 쓰기

섞	다	섞	다	섞	다	섞	다	섞	다	섞	다
썩	다	썩	다	썩	다	썩	다	썩	다	썩	다

실증 / 싫증

['실증'은 '확실한 증거'나 '실제로 증명함'을 뜻하고,
'싫증'은 '싫은 생각이나 느낌 또는 그런 반응'을 의미하는 말입니다.]

그 이론이 맞는지 | 실 | 증 | 해 보세요.

바른 의미 짝 짓기

실증 •　　• 무슨 일이든 금세 | | |을 내는 성격.

싫증 •　　• 과학 연구에 필요한 것이 논리와 | | |이다.

예쁜 글씨로 쓰기

| 실 | 증 | 실 | 증 | 실 | 증 | 실 | 증 | 실 | 증 | 실 | 증 |
| 싫 | 증 | 싫 | 증 | 싫 | 증 | 싫 | 증 | 싫 | 증 | 싫 | 증 |

썩이다 / 썩히다

['썩이다'는 '걱정이나 근심으로 몹시 괴로운 상태가 되게 만들다'라는 뜻이고,
'썩히다'는 '부패하거나 제대로 쓰이지 못하고 내버려진 상태가 되게 하다'를
뜻하는 말입니다.]

음식은 먹을 만큼만,

썩	혀	서

버리지 마세요.

 바른 의미 짝 짓기

썩이는 •　　　• 부모 속을 | | | 짓은 그만해.

썩히지 •　　　• 아까운 재능을 | | | 마라.

예쁜 글씨로 쓰기

썩	이	다	썩	이	다	썩	이	다	썩	이	다
썩	히	다	썩	히	다	썩	히	다	썩	히	다

안다 / 않다

'안다'는 '두 팔을 벌려 가슴 쪽으로 끌어당기거나 그렇게 하여 품 안에 있게 하다'는 의미이고 '않다'는 '어떤 행동을 안 하다' 또는 앞말이 뜻하는 행동을 부정하는 말입니다.

슬퍼하는 친구를 꼭 | 안 | 아 | 주었어.

 바른 의미 짝 짓기

안다 •

• 강아지를 품에 꼭 | | | .

않다 •

• 더 이상 말하고 싶지 | | | .

예쁜 글씨로 쓰기

| 안 | 다 | 안 | 다 | 안 | 다 | 안 | 다 | 안 | 다 | 안 | 다 |
| 않 | 다 | 않 | 다 | 않 | 다 | 않 | 다 | 않 | 다 | 않 | 다 |

안치다 / 앉히다

['안치다'는 '음식을 만들기 위해 재료를 솥이나 냄비에 넣고
불 위에 올리다'라는 뜻입니다. '앉히다'는 '앉다'에서 파생된 말입니다.]

동생을 의자에 | 앉 | 히 | 고 | 노래를

불러 주었지.

바른 의미 짝 짓기

안쳤다 •

• 선생님은 아이들을 의자에 | | | .

앉혔다 •

• 엄마는 밥솥에 쌀을 | | | .

예쁜 글씨로 쓰기

| 안 | 치 | 다 | 안 | 치 | 다 | 안 | 치 | 다 | 안 | 치 | 다 |
| 앉 | 히 | 다 | 앉 | 히 | 다 | 앉 | 히 | 다 | 앉 | 히 | 다 |

72

여의다 / 여위다

['여의다'는 '누군가가 세상을 떠나 이별하게 되었을 때' 쓰는 말이고,
'여위다'는 '살이 빠져서 말라 가는 몸의 모습을 묘사할 때' 쓰는 말입니다.]

여	윈

얼굴을 보니 마음이 아파.

 바른 의미 짝 짓기

여윈 •　　　• 열네 살에 어머니를 [　|　] 율곡 이이.

여윈 •　　　• 앙상하게 [　|　] 손.

예쁜 글씨로 쓰기

여	의	다	여	의	다	여	의	다	여	의	다
여	위	다	여	위	다	여	위	다	여	위	다

왠지 / 웬

비슷한 발음
37
짓이 다른 말

'웬'이랑 헷갈리기 쉬운 말인 '왠지'는 '왜 그런지 모르게 또는 뚜렷한 이유도 없이'의 뜻을 가진 부사로 막연한 예상을 해볼 때 사용됩니다. '웬'은 '어찌 된, 어떠한'의 뜻을 가진 관형사로 '웬' 대신 '어찌된'을 붙여서 말해 보면 돼요.

[웬] 신발 한 짝이 길가에 떨어져 있네.

 바른 의미 짝 짓기

웬 일 •

• [   ] 달갑지 않은 표정을 지었다.

왠지 •

• 오는 날도 아닌데 [ ][ ]이니?

예쁜 글씨로 쓰기

왠	지	왠	지	왠	지	왠	지	왠	지	왠	지
웬	웬	웬	웬	웬	웬	웬	웬	웬	웬	웬	웬

유래 / 유례

'유래'는 '사물이나 일이 생겨남 또는 그 사물이나 일이 생겨난 바'를
의미하는 말이고, '유례'는 '같거나 비슷한 예' 또는 '이전부터 있었던 사례'라는
뜻을 나타내는 말입니다.

마라톤의　 유 래 　는 승리를 전하고

죽은 병사를 기념하면서 시작되었어.

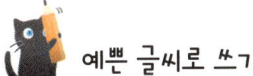 바른 의미 짝 짓기

유래　•

•　불국사는 　　　 깊은 사찰이다.

유례　•

•　한국은 　　　 를 찾기 힘들 정도로
빨리 성장했다.

예쁜 글씨로 쓰기

| 유 | 래 | 유 | 래 | 유 | 래 | 유 | 래 | 유 | 래 | 유 | 래 |
| 유 | 례 | 유 | 례 | 유 | 례 | 유 | 례 | 유 | 례 | 유 | 례 |

이따가 / 있다가

['이따가'는 '조금 지난 뒤에'라는 뜻이고, '있다가'는 '있-'에
연결 어미 '-다가'가 붙어 만들어진 말로 그 자리에 존재한다는 뜻이죠.]

집에 | 있 | 다 | 가 | 부르면 나와.

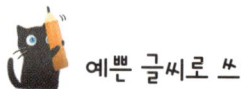 바른 의미 짝 짓기

이따가 •   • 모진 놈 옆에 [ ][ ][ ] 벼락 맞는다.

있다가 •   • 좀 [ ][ ][ ] 전화할게.

예쁜 글씨로 쓰기

이	따	가	이	따	가	이	따	가	이	따	가
있	다	가	있	다	가	있	다	가	있	다	가

재물 / 제물

비슷한 발음
40
뜻이 다른 말

['재물'은 '돈이나 그 밖의 값나가는 모든 물건'을 의미하고,
'제물'은 '제사에 쓰이는 음식물' 또는 '희생된 물건이나 사람 따위를
비유적으로 이르는 말'을 의미합니다.]

화재로 인한 │ 재 │ 물 │의 피해가

매우 크다.

바른 의미 짝 짓기

재물 •   • 이제까지 모은 │   │   │을 다 기부하다.

제물 •   • 풍년을 기원하며 │   │   │을 바쳤다.

예쁜 글씨로 쓰기

재	물	재	물	재	물	재	물	재	물	재	물
제	물	제	물	제	물	제	물	제	물	제	물

저리다 / 절이다

'저리다'는 '뼈마디나 몸의 일부가 오래 눌려 피가 잘 통하지 못해 감각이 둔하고 아리다'라는 뜻입니다. '절이다'는 '푸성귀나 생선 따위에 소금기나 식초, 설탕 등이 배어들다'는 의미의 '절다'에서 나온 말입니다.

소금에 잘 | 절 | 여 | 진 | 간고등어

 바른 의미 짝 짓기

저리다 •   • 오래 앉았더니 다리가 ⬜⬜⬜.

절이다 •   • 소금물에 배추를 ⬜⬜.

예쁜 글씨로 쓰기

| 저 | 리 | 다 | 저 | 리 | 다 | 저 | 리 | 다 | 저 | 리 | 다 |
| 절 | 이 | 다 | 절 | 이 | 다 | 절 | 이 | 다 | 절 | 이 | 다 |

재고 / 제고

['재고'는 '어떤 일이나 문제 따위에 대하여 다시 생각하는 것' 혹은
'남아서 쌓여 있는 제품'을 뜻하는 말입니다. '제고'는 '쳐들어 높임' 또는
'눈에 띄도록 함'이라는 뜻입니다.]

긴급 처분, | 재 | 고 | 폭탄 세일

 바른 의미 짝 짓기

제고 •   • 이미지 [   ]를 위한 아이디어가
                  필요합니다.

재고 •   • 이번 결정은 [   ]하셔야 합니다.

예쁜 글씨로 쓰기

| 제 | 고 | 제 | 고 | 제 | 고 | 제 | 고 | 제 | 고 | 제 | 고 |
| 재 | 고 | 재 | 고 | 재 | 고 | 재 | 고 | 재 | 고 | 재 | 고 |

조리다 / 졸이다

['조리다'는 '양념의 맛이 재료에 푹 스며들도록 국물이 거의 없을 정도로 바짝
끓여 내다'를 의미하는 말로 '조림'을 파생시켰습니다. '졸이다'는 '찌개나 국의
국물을 줄게 하다' 또는 '속을 태우다시피 초조해하다'의 뜻을 가진 말입니다.]

약속 시간에 늦을까 봐 마음을 | 졸 | 였 | 어 | .

 바른 의미 짝 짓기

조린 •   • 오늘 반찬은 □ □ 생선이다.

졸였다 •   • 시험을 망칠까 봐 마음을 □ □ □ .

예쁜 글씨로 쓰기

| 조 | 리 | 다 | 조 | 리 | 다 | 조 | 리 | 다 | 조 | 리 | 다 |
| 졸 | 이 | 다 | 졸 | 이 | 다 | 졸 | 이 | 다 | 졸 | 이 | 다 |

조정 / 조종

'조정'은 '어떤 기준이나 실정에 맞게 정돈하는 것'을 말하고,
'조종'은 '비행기나 자동차 따위의 기계를 부리는 것' 또는 '다른 사람을
자기 마음대로 부리는 것'을 말합니다.

드론 | 조 | 종 | 하는 것을 배우고 싶어.

 **바른 의미 짝 짓기**

조정 •　　　• 파일럿은 항공기를 [　|　] 하는 사람이다.

조종 •　　　• 선생님이 수업 시간을 [　|　] 하셨다.

예쁜 글씨로 쓰기

조	정	조	정	조	정	조	정	조	정	조	정
조	종	조	종	조	종	조	종	조	종	조	종

좇다 / 쫓다

['좇다'는 '목표, 이상, 행복, 말이나 뜻을 따르다'의 뜻처럼 눈에 보이지 않는
것을 따르는 것이고, '쫓다'는 '보이는 대상을 따라잡는 것'을 뜻합니다.
좇다는 대상이 눈에 보이지 않고, 쫓다는 대상이 눈에 보이죠.]

잠자리를 잡으려고 [쫓][아] 다녔어.

 바른 의미 짝 짓기

좇아 • • 국민의 뜻을 [ ][ ] 만든 법입니다.

쫓았다 • • 쑥불을 놓아 모기를 [ ][ ] .

예쁜 글씨로 쓰기

| 좇 | 다 | 좇다 | 좇다 | 좇다 | 좇다 | 좇다 |
| 쫓 | 다 | 쫓다 | 쫓다 | 쫓다 | 쫓다 | 쫓다 |

지그시 / 지긋이

'지그시'는 '슬며시 힘을 주는 모양 또는 조용히 참고 견디는 모양'을 뜻하는 말입니다. '지긋이'는 '나이가 비교적 많아 듬직하게, 또는 참을성 있게 끈질기게'를 뜻하는 말이에요.

주사 자국을 | 지 | 그 | 시 | 눌러서

지혈하세요.

 바른 의미 짝 짓기

지그시 • • 그 남자는 나이가 | | | 들어 보였다.

지긋이 • • 눈을 | | | 감고 휘파람을 불었어.

 예쁜 글씨로 쓰기

| 지 | 그 | 시 | 지 | 그 | 시 | 지 | 그 | 시 | 지 | 그 | 시 |
| 지 | 긋 | 이 | 지 | 긋 | 이 | 지 | 긋 | 이 | 지 | 긋 | 이 |

지양하다 / 지향하다

['지양하다'는 '어떤 것을 하지 않다'라는 의미이고 '지향하다'는 '어떤 목표로 뜻이 쏠려 향하다'라는 뜻입니다.]

솔직하지 못한 태도는

| 지 | 양 | 하는 게 좋아.

 바른 의미 짝 짓기

지양 •   • 암기 위주의 교육은 [   ][   ] 해야 합니다.

지향 •   • 전쟁 없는 평화를 [   ][   ] 해야 합니다.

예쁜 글씨로 쓰기

| 지 | 양 | 지 | 양 | 지 | 양 | 지 | 양 | 지 | 양 | 지 | 양 |
| 지 | 향 | 지 | 향 | 지 | 향 | 지 | 향 | 지 | 향 | 지 | 향 |

집게 / 집계

['집게'는 물건을 집는 데 쓰는, 끝이 두 가닥으로 갈라진 도구를 의미하고,]
['집계'는 이미 된 것을 한데 모아서 계산한다는 뜻입니다.]

국수를 건지려고 │ 집 │ 게 │ 를 찾았다.

 바른 의미 짝 짓기

집게 •　　• 선거의 투표 결과를 │　│　│ 했다.

집계 •　　• 아빠가 │　│　│ 를 들고 고기를 구웠다.

예쁜 글씨로 쓰기

집	게	집	게	집	게	집	게	집	게	집	게	집	게
집	계	집	계	집	계	집	계	집	계	집	계	집	계

출연 / 출현

['출연'은 '연기, 공연, 연설 따위를 하기 위해 무대나 연단에 나감'을 의미하는
단어이고, '출현'은 '없던 것이나 숨겨져 있던 것이 드러남'을 뜻하는 단어입니다.]

소나무를 죽이는 병충해가

출 현 했습니다.

바른 의미 짝 짓기

출연 •

• 기라성 같은 배우들이 [ ] 한 영화

출현 •

• 동해에 [ ] 한 아기 상어.

 예쁜 글씨로 쓰기

출	연	출	연	출	연	출	연	출	연	출	연
출	현	출	현	출	현	출	현	출	현	출	현

한참 / 한창

비슷한 발음 50 뜻이 다른 말

> '한참'은 '어떤 일이 상당히 오래 일어나는 모양'을 뜻하는 말입니다.
> '한창'은 '어떤 일이 가장 활기 있고 왕성하게 일어나는 모양 또는
> 어떤 상태가 가장 무르익은 모양'을 뜻하는 말입니다.

숙제를 다 하는 데 　한　참　 걸렸어.

 바른 의미 짝 짓기

한창 •　　• 세계적으로 K-POP이 □□ 유행 중이야.

한참 •　　• 지하철역까지 가려면 □□ 걸어야 해요.

예쁜 글씨로 쓰기

| 한 | 참 | 한 | 참 | 한 | 참 | 한 | 참 | 한 | 참 | 한 | 참 |
| 한 | 창 | 한 | 창 | 한 | 창 | 한 | 창 | 한 | 창 | 한 | 창 |

우리말에서 가장 헷갈리는 건 띄어쓰기예요.

'낱말과 낱말은 띄어 쓰고, 조사는 붙여 쓴다'는 원칙이 있지만

같은 단어인데 조사도 있고 (의존)명사도 있어서

띄어 쓰는 걸 헷갈리게 만들죠.

이 부분을 배워 봅시다.

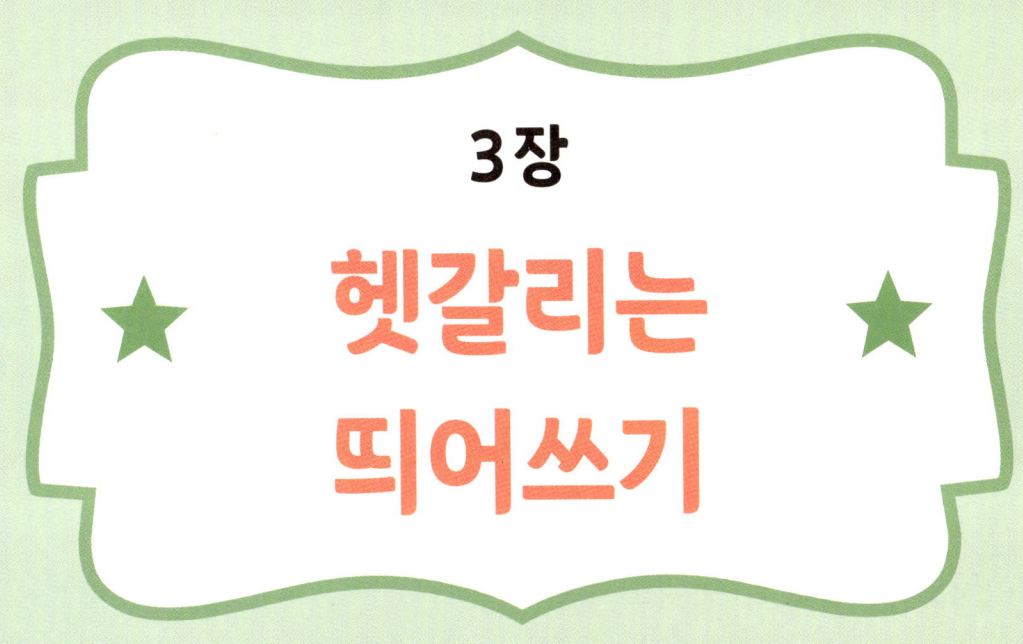

3장

헷갈리는
띄어쓰기

같이

['같이'는 '처럼'의 의미일 때는 붙여 쓰지만 '함께' 또는
'-과 다름없이'라는 뜻으로 쓸 때는 띄어 써야 합니다.]

친구와 | 같 | 이 | 걷는 오솔길

 띄어쓰기를 바르게 표시하고 따라 써 보세요.

앵	두	같	이	✔	예	쁜	✔	입	술				
앵	두	같	이		예	쁜		입	술				
앵	두	같	이		예	쁜		입	술				
모	두	✔	같	이	✔	합	시	다	.				
모	두		같	이		합	시	다	.				
모	두		같	이		합	시	다	.				

 예쁜 글씨로 쓰기

| 같 | 이 | 같 | 이 | 같 | 이 | 같 | 이 | 같 | 이 | 같 | 이 |

대로

'대로'는 어떤 모양이나 상태를 나타낼 때는 의존 명사로 띄어 쓰지만,
앞에 오는 말에 근거하거나 '따로따로 구별됨'을 뜻할 때는 조사로 붙여 씁니다.

너는너 대 로 나는나 대 로

 띄어쓰기를 바르게 표시하고 따라 써 보세요.

될	✓	수	✓	있	는	✓	대	로			
될		수		있	는		대	로			
될		수		있	는		대	로			

엄	마	✓	말	대	로	✓	할	까	?		
엄	마		말	대	로		할	까	?		
엄	마		말	대	로		할	까	?		

 예쁜 글씨로 쓰기

| 대 | 로 | 대 | 로 | 대 | 로 | 대 | 로 | 대 | 로 | 대 | 로 |

데

['-ㄴ데'와 '-는 데'의 띄어쓰기에서는 조사가 결합할 수 있으면 띄어 쓰고, 결합할 수 없으면 붙여 씁니다. '데' 대신 '곳'을 넣어서 말이 되면 띄어 쓰세요.]

이렇게 높은 　데 　서 내려다보니 아찔해.

 띄어쓰기를 바르게 표시하고 따라 써 보세요.

추	운	데	✔	멀	리	✔	가	지	✔	마	라	.		
추	운	데		멀	리		가	지		마	라	.		
물	은	✔	높	은	✔	데	서	✔	낮	은	✔	데	로	✔
흐	른	다	.											
물	은		높	은		데	서		낮	은		데	로	
흐	른	다	.											

 예쁜 글씨로 쓰기

데	데	데	데	데	데	데	데	데	데	데	데

듯이

햇갈리는 **4** 띄어쓰기

['듯이'는 의존 명사로 쓰일 때는 띄어 쓰고, 어미로 쓰일 때는 붙여 씁니다.
보란 듯이, 미칠 듯이, 갈 듯 말 듯 등 꾸며 주는 말이 앞에 있으면 띄어 씁니다.
그러나 앞말과 비교하는 의미로 쓰는 '-듯이'는 '구름에 달 가듯이'의 예처럼
붙여 씁니다.]

소 닭 쳐다보 듯 이 한다.

 띄어쓰기를 바르게 표시하고 따라 써 보세요.

굳	은	✔	결	심	을	✔	한	✔	듯	이	✔	보	여	.
굳	은		결	심	을		한		듯	이		보	여	.
굳	은		결	심	을		한		듯	이		보	여	.

달	리	기	를	✔	하	듯	이	✔	앞	다	투	어	.
달	리	기	를		하	듯	이		앞	다	투	어	.
달	리	기	를		하	듯	이		앞	다	투	어	.

 예쁜 글씨로 쓰기

듯	이	듯	이	듯	이	듯	이	듯	이	듯	이

만

[얼마간 계속되었음을 나타내는 의존 명사 '만'은 띄어 쓰지만 어떤 것을 제한하는 조사 '-만'은 앞말에 붙여 씁니다.]

헷갈릴 때는 조사 '에'를 붙여 봅니다.
조사 '에'를 붙여서 말이 되면 띄어 써요.

 띄어쓰기를 바르게 표시하고 따라 써 보세요.

일 ✓ 년 ✓ 만 에 ✓ 돌 아 온 ✓ 생 일 .

일 년 만 에 돌 아 온 생 일 .

일 년 만 에 돌 아 온 생 일 .

일 ✓ 년 만 ✓ 있 으 면 ✓ 중 학 생 이 야 .

일 년 만 있 으 면 중 학 생 이 야 .

일 년 만 있 으 면 중 학 생 이 야 .

 예쁜 글씨로 쓰기

만 만 만 만 만 만 만 만 만 만 만

만큼

'만큼'은 '그에 상응한다'는 뜻을 나타내는 의존 명사로 사용될 때는 띄어 쓰지만
'비슷한 정도나 한도'를 나타내는 조사로 사용될 때는 붙여 씁니다.
형용사나 동사 뒤에 오는 '-만큼'은 띄어쓴다고 생각하면 쉽습니다.

나도 너 만큼 잘할 수 있어.

 띄어쓰기를 바르게 표시하고 따라 써보세요.

| 노 | 력 | 한 | ✓ | 만 | 큼 | | | | | |

| 노 | 력 | 한 | | 만 | 큼 | | | | | |

| 같 | 은 | ✓ | 수 | 만 | 큼 | | | | | |

| 같 | 은 | | 수 | 만 | 큼 | | | | | |

| 아 | 는 | ✓ | 만 | 큼 | ✓ | 보 | 인 | 다 | . | |

| 아 | 는 | | 만 | 큼 | | 보 | 인 | 다 | . | |

예쁜 글씨로 쓰기

| 만 | 큼 | 만 | 큼 | 만 | 큼 | 만 | 큼 | 만 | 큼 | 만 | 큼 |

뿐

['뿐'은 '오직 그러하다'라는 뜻의 의존 명사로 사용될 때는 띄어 쓰지만,
'그것 말고 더는 없음'이라는 뜻의 보조사로 사용될 때는 붙여 씁니다.]

내 마음에는 너 뿐 이야.

띄어쓰기를 바르게 표시하고 따라 써 보세요.

| 시 | 간 | 만 | ✓ | 허 | 비 | 했 | 을 | ✓ | 뿐 | 이 | 다 | . | | |

| 시 | 간 | 만 | | 허 | 비 | 했 | 을 | | 뿐 | 이 | 다 | . | | |

| 시 | 간 | 만 | | 허 | 비 | 했 | 을 | | 뿐 | 이 | 다 | . | | |

| 집 | 에 | 는 | ✓ | 나 | 와 | ✓ | 강 | 아 | 지 | 뿐 | 이 | 야 | . | |

| 집 | 에 | 는 | | 나 | 와 | | 강 | 아 | 지 | 뿐 | 이 | 야 | . | |

| 집 | 에 | 는 | | 나 | 와 | | 강 | 아 | 지 | 뿐 | 이 | 야 | . | |

예쁜 글씨로 쓰기

| 뿐 | 뿐 | 뿐 | 뿐 | 뿐 | 뿐 | 뿐 | 뿐 | 뿐 | 뿐 | 뿐 | 뿐 |

지

['지'가 기간이나 동안을 나타내면 앞말과 띄어 쓰고, 그렇지 않으면 붙여 씁니다.]

교실에서 나간 　지　 10분 정도 되었어.

 띄어쓰기를 바르게 표시하고 따라 써 보세요.

깜	빡	✓	잠	든	✓	지	✓	한	✓	시	간	이	✓	지
났	어	.												
깜	빡		잠	든		지		한		시	간	이		지
났	어	.												
열	차	가	✓	언	제	✓	도	착	할	지	✓	몰	라	.
열	차	가		언	제		도	착	할	지		몰	라	.

 예쁜 글씨로 쓰기

| 지 | 지 | 지 | 지 | 지 | 지 | 지 | 지 | 지 | 지 | 지 | 지 |

○○북도 ○ / ○○ 북도 X

[도, 북도. 남도, 특별시, 광역시, 시, 군, 읍, 로 등은 모두 붙여 씁니다.]

다음 지도에서 세종 시 를

찾아보세요.

 띄어쓰기를 바르게 표시하고 집 주소를 써 보세요.

○	○	도	✓	○	○	시	✓	○	○	○	○	로	
○	○	도		○	○	시		○	○	○	○	로	
○	○	도		○	○	시		○	○	○	○	로	
○	○	도	✓	○	○	시	✓	○	○	○	○	로	
○	○	도		○	○	시		○	○	○	○	로	
○	○	도		○	○	시		○	○	○	○	로	

 예쁜 글씨로 쓰기

| 대 | 한 | 민 | 국 | 대 | 한 | 민 | 국 | 대 | 한 | 민 | 국 |

못 하다 / −지 못하다

'못 하다'는 '하다'를 부정하는 '못'이 쓰인 각각의 단어이므로 띄어쓰기를
합니다. 한편 '−지 못하다'는 행동이나 어떠한 쓰임이 불가능함을 나타내는
말로 붙여 씁니다.

새치기는 바르지 | 못 | 한 | 행동이야.

 띄어쓰기를 바르게 표시하고 따라 써 보세요.

친	구	의	✓	질	문	에	✓	제	대	로		대	답	을
못	✓	했	다	.										
친	구	의		질	문	에		제	대	로		대	답	을
못		했	다	.										
참	지	✓	못	하	고	✓	비	밀	을	✓	말	했	어	.
참	지		못	하	고		비	밀	을		말	했	어	.

 예쁜 글씨로 쓰기

못	못	못	못	못	못	못	못	못	못	못	못

[단위를 나타내는 명사는 띄어 씁니다. 또한 수를 적을 때는 '만' 단위로 띄어 씁니다. 하지만 숫자와 단위가 같이 올 때는 붙여 씁니다.]

11억 3579만 2850

십일억 삼천오백칠십구만 이천팔백오십

띄어쓰기를 바르게 표시하고 따라 써보세요.

육	✓	개	월		6	개	월		여	섯	✓	달	
육		개	월		6	개	월		여	섯		달	
육		개	월		6	개	월		여	섯		달	
십	이	✓	년		12	년		열	두	✓	해		
십	이		년		12	년		열	두		해		
십	이		년		12	년		열	두		해		

예쁜 글씨로 쓰기

11	억			35	79	만		28	50

원고지에 쓸 때
숫자는 한 칸에
두 글자씩

알다시피 ○ / 알다 시피 ✕

[어떤 동작에 가까움을 나타내는 연결어미 '-다시피'는 붙여 씁니다.]

| 보 | 시 | 다 | 시 | 피 | 이 통 안에는

아무것도 없습니다.

띄어쓰기를 바르게 표시하고 따라 써 보세요.

| 너 | 도 | ✓ | 알 | 다 | 시 | 피 | ✓ | 지 | 금 | 은 | ✓ | 어 | 쩔 | ✓ |
| 수 | ✓ | 없 | 어 | . | | | | | | | | | | |

| 너 | 도 | | 알 | 다 | 시 | 피 | | 지 | 금 | 은 | | 어 | 쩔 |
| 수 | | 없 | 어 | . | | | | | | | | | |

| 뛰 | 다 | 시 | 피 | ✓ | 빠 | 르 | 게 | ✓ | 걸 | 었 | 어 | . |
| 뛰 | 다 | 시 | 피 | | 빠 | 르 | 게 | | 걸 | 었 | 어 | . |

예쁜 글씨로 쓰기

| 다 | 시 | 피 | 다 | 시 | 피 | 다 | 시 | 피 | 다 | 시 | 피 |

여러분 / 여러 분

듣는 사람이 여러 사람일 때 그 사람들을 높여 부를 때, 즉 2인칭 대명사로 사용될 때는 '여러'를 붙여 쓰지만, '수효가 한둘이 아니고 많은'의 의미를 나타낼 때에는 '여러'를 띄어 씁니다.

여러 보기 이 모여서 의논을 하셨다.

 띄어쓰기를 바르게 표시하고 따라 써 보세요.

여	러	분	✓	여	기	를	✓	주	목	하	세	요	.	
여	러	분		여	기	를		주	목	하	세	요	.	

이	✓	자	리	에	는	✓	여	러	✓	분	이	✓	참	석
했	습	니	다	.										
이		자	리	에	는		여	러		분	이		참	석
했	습	니	다	.										

 예쁜 글씨로 쓰기

여	러	분	여	러	분	여	러	분	여	러	분

올해 / 올 한 해

['올해'는 지금 지나가고 있는 이 해를 나타내는 한 단어로 붙여 씁니다.
'올 한 해'는 '올해 한 해'를 뜻하는 각각의 단어이므로 띄어 써야 합니다.]

| 올 | 해 | 는 태풍 때문에 농사를 다 망쳤어.

 띄어쓰기를 바르게 표시하고 따라 써 보세요.

올	해	는	✓	비	가	✓	자	주	✓	내	렸	어	.	
올	해	는		비	가		자	주		내	렸	어	.	

올	✓	한	✓	해	✓	마	무	리	✓	잘	✓	하	시	길
바	랍	니	다	.										
올		한		해		마	무	리		잘		하	시	길
바	랍	니	다	.										

 예쁜 글씨로 쓰기

올	해	올	해	올	해	올	해	올	해	올	해

좀 더 ⭕ / 좀더 ❌

['좀'과 '더'는 각각의 단어이므로, '좀 더'로 띄어 쓰는 것이 원칙입니다.]

좀	더

원을 작게 그려 봐.

 띄어쓰기를 바르게 표시하고 따라 써 보세요.

좀	✔	더	✔	큰	✔	집	으	로	✔	이	사	해	요	.
좀		더		큰		집	으	로		이	사	해	요	.
좀	✔	더	✔	간	격	을	✔	벌	려	서	✔	줄	을	✔
서	세	요	.											
좀		더		간	격	을		벌	려	서		줄	을	
서	세	요	.											

 예쁜 글씨로 쓰기

좀	더	좀	더	좀	더

지난주 / 이번 주

'이 주의 바로 앞의 주'라는 뜻을 나타내는 '지난주'는 하나의 단어로
굳어진 합성어로 인정하여 붙여 씁니다. 반면 '이번 주' 또는 '다음 주'는
합성어로 인정되지 않아 띄어 씁니다.

이 번 주 에는 놀이동산에 가고 싶어.

 띄어쓰기를 바르게 표시하고 따라 써보세요.

지	난	✓	여	름		지	난	✓	해		이	번	✓	달
지	난		여	름		지	난		해		이	번		달
지	난		여	름		지	난		해		이	번		달
지	난	주		이	번	✓	주		다	음	✓	주		
지	난	주		이	번		주		다	음		주		
지	난	주		이	번		주		다	음		주		

 예쁜 글씨로 쓰기

| 지 | 난 | 주 | 지 | 난 | 주 | 지 | 난 | 주 | 지 | 난 | 주 |

105

첫째 / 첫 번째

['순서가 가장 먼저인 차례'의 뜻을 나타내는 '첫째'는 한 단어이므로
붙여 쓰고, 첫 번째는 띄어 써요.]

| 첫 | 째 |

도 안전, 둘째도 안전

 띄어쓰기를 바르게 표시하고 따라 써보세요.

매	달	✔	첫	째	✔	월	요	일	은	✔	도	서	관

쉬	는	✔	날										

매	달		첫	째		월	요	일	은		도	서	관

쉬	는		날										

첫	✔	번	째	✔	지	켜	야	✔	할	✔	약	속

첫		번	째		지	켜	야		할		약	속

 예쁜 글씨로 쓰기

첫	째	첫	째	첫	째	첫	째	첫	째
첫		번	째		첫		번	째	

한 번 / 한번

['한 번, 두 번' 같이 차례나 일의 횟수를 나타낼 때는 '한 번'으로 띄어 쓰지만
해보거나 도전하다의 의미로 쓰면 '한번'이라고 붙여 씁니다.]

| 한 | 번 | 도전해 보는 게 어때?

 띄어쓰기를 바르게 표시하고 따라 써보세요.

시	간	✓	날	✓	때	✓	한	번	✓	가	보	자	.
시	간		날		때		한	번		가	보	자	.
시	간		날		때		한	번		가	보	자	.

오	늘	✓	게	임	을	✓	한	✓	번	만	✓	했	다	.
오	늘		게	임	을		한		번	만		했	다	.
오	늘		게	임	을		한		번	만		했	다	.

 예쁜 글씨로 쓰기

한	번	한	번	한	번	한	번	한	번	한	번

한 판 / 한판

[단 한 번의 의미로 쓰는 '한 판'은 띄어 쓰지만, 판을 벌여 놓다는 의미로 쓸 때는]
'한판'으로 붙여 씁니다.

피자 | 한 | 판 |을 다 먹었어.

 띄어쓰기를 바르게 표시하고 따라 써 보세요.

사	물	놀	이	✔	한	판	이	✔	벌	어	졌	어	요	.
사	물	놀	이		한	판	이		벌	어	졌	어	요	.

승	부	는	✔	딱	✔	한	✔	판	으	로	✔	결	정	되
는	✔	거	야	.										

승	부	는		딱		한		판	으	로		결	정	되
는		거	야	.										

 예쁜 글씨로 쓰기

한	판	한	판	한	판	한	판	한	판	한	판

한강○/한강✕

[강, 섬, 산, 산맥, 왕 등은 외래어와 우리말 구분 없이 붙여 씁니다.]

한 강 은 흘러 서해로,

낙동 강 은 흘러 남해로 간다.

 띄어쓰기를 바르게 표시하고 따라 써 보세요.

낙	동	강		나	일	강		백	두	산		몰	타	섬
낙	동	강		나	일	강		백	두	산		몰	타	섬
낙	동	강		나	일	강		백	두	산		몰	타	섬

에	베	레	스	트	산		에	베	레	스	트	산	
에	베	레	스	트	산		에	베	레	스	트	산	
에	베	레	스	트	산		에	베	레	스	트	산	

 예쁜 글씨로 쓰기

강	강	강	강	강	강	강	강	강	강	강
산	산	산	산	산	산	산	산	산	산	산

외래어는 습관 때문에
잘못 쓰는 경우가 많아요.
이번에는 우리가 자주 틀리는
외래어의 바른 표기를 배워 봅시다.

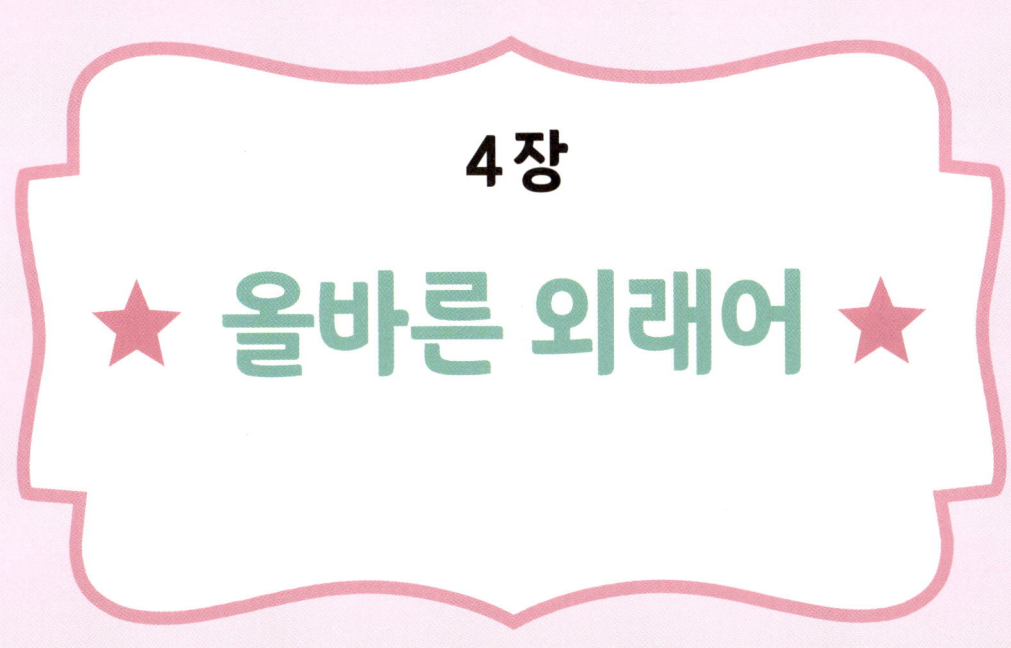

4장

★ 올바른 외래어 ★

가스레인지 ⭕ / 가스렌지 ❌

| 가 | 스 | 레 | 인 | 지 |

가스레인지에

불을 켤 때는 조심해요.

 빈칸에 올바른 말 넣기

| 가 | 스 | 레 | 인 | 지 |

가스레인지로 조리를 했다.

| | | | | |

를 청소해요.

| | | | | |

를 쓰지 않을 때는 밸브를 잠가요.

예쁜 글씨로 쓰기

| 가 | 스 | 레 | 인 | 지 | 가 | 스 | 레 | 인 | 지 | |
| 가 | 스 | 레 | 인 | 지 | 가 | 스 | 레 | 인 | 지 | |

난센스 ◯ / 넌센스 ✗

| 난 | 센 | 스 | 퀴즈를

좋아하는 내 동생

 빈칸에 올바른 말 넣기

| 난 | 센 | 스 | 퀴즈는 재미있어.

학교는 가기 싫은데 급식은 먹고 싶은 ☐☐☐.

무더위에 보일러를 켠다는 것은 정말 ☐☐☐ 이다.

 예쁜 글씨로 쓰기

| 난 | 센 | 스 | 난 | 센 | 스 | 난 | 센 | 스 | 난 | 센 | 스 |
| 난 | 센 | 스 | 난 | 센 | 스 | 난 | 센 | 스 | 난 | 센 | 스 |

내비게이션 ⭕ / 네비게이션 ❌

처음 가는 길이라

| 내 | 비 | 게 | 이 | 션 | 이 필요해.

 빈칸에 올바른 말 넣기

아빠는 | 내 | 비 | 게 | 이 | 션 | 없어도 길을 잘 찾아요.

자동차 | | | | | 은 운전하면서

조작하지 마세요.

 예쁜 글씨로 쓰기

| 내 | 비 | 게 | 이 | 션 | 내 | 비 | 게 | 이 | 션 | |
| 내 | 비 | 게 | 이 | 션 | 내 | 비 | 게 | 이 | 션 | |

돈가스 ○ / 돈까스 ✕

내가 제일 좋아하는 　돈　가　스

 빈칸에 올바른 말 넣기

돈　가　스 는 엄마가 해 주시는 게 제일 맛있어.

나는 치즈 　　　　　　 를 좋아해.

오늘은 　　　　　　 를 만들어 보겠어요.

 예쁜 글씨로 쓰기

| 돈 | 가 | 스 | 돈 | 가 | 스 | 돈 | 가 | 스 | 돈 | 가 | 스 |
| 돈 | 가 | 스 | 돈 | 가 | 스 | 돈 | 가 | 스 | 돈 | 가 | 스 |

로봇 ○ / 로보트 ✕

5
올바른 외래어

나는 로 봇 공학자가 되고 싶어.

 빈칸에 올바른 말 넣기

미래에는 로 봇 이 사람을 대신해 위험한 일을 해요.

☐☐ 청소기는 혼자서 돌아다니며 청소해.

내 취미는 ☐☐ 조립이야.

예쁜 글씨로 쓰기

| 로 | 봇 | 로 | 봇 | 로 | 봇 | 로 | 봇 | 로 | 봇 | 로 | 봇 |
| 로 | 봇 | 로 | 봇 | 로 | 봇 | 로 | 봇 | 로 | 봇 | 로 | 봇 |

리더십 ○ / 리더쉽 ✕

회장에게 제일 필요한 건

리	더	십
이야.

빈칸에 올바른 말 넣기

학교에서 | 리 | 더 | 십 | 대회를 열어요.

기업에서 | | | | 세미나가 열립니다.

훌륭한 지도자가 되려면 | | | | 을 발휘해야 한다.

예쁜 글씨로 쓰기

리	더	십								
리	더	십								

117

마사지 ○ / 맛사지 ✕

베이비 | 마 | 사 | 지 |를 해 주면

아기가 좋아해요.

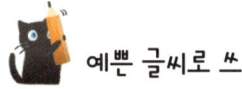 **빈칸에 올바른 말 넣기**

언니와 엄마는 오이 | 마 | 사 | 지 |를 하고 있어.

탈모 예방을 위해 두피 [ ][ ][ ]를 해 줍니다.

근육을 풀기 위해 [ ][ ][ ]를 했다.

예쁜 글씨로 쓰기

마	사	지	마	사	지	마	사	지	마	사	지
마	사	지	마	사	지	마	사	지	마	사	지

메시지 ⭕ / 메세지 ❌

필요한 건 | 메 | 시 | 지 |로

남겨 주세요.

 빈칸에 올바른 말 넣기

그 연설의 주요한 | 메 | 시 | 지 |는 평화였다.

문자 | | | | 받으면 답장 줄래?

음성 | | | 를 확인해 줘.

예쁜 글씨로 쓰기

| 메 | 시 | 지 | 메 | 시 | 지 | 메 | 시 | 지 | 메 | 시 | 지 |
| 메 | 시 | 지 | 메 | 시 | 지 | 메 | 시 | 지 | 메 | 시 | 지 |

밀크셰이크 ⭕ / 밀크쉐이크 ❌

여름엔 | 밀 | 크 | 셰 | 이 | 크 |가

최고야!

빈칸에 올바른 말 넣기

동생은 | 밀 | 크 | 셰 | 이 | 크 |, 나는 딸기 밀크셰이크를

먹었어.

| | | | | |를 만들려고 우유를 사 왔어.

예쁜 글씨로 쓰기

| 밀 | 크 | 셰 | 이 | 크 | 밀 | 크 | 셰 | 이 | 크 | |
| 밀 | 크 | 셰 | 이 | 크 | 밀 | 크 | 셰 | 이 | 크 | |

바비큐 ○ / 바베큐 ✗

캠핑의 꽃은 | 바 | 비 | 큐 | !

 빈칸에 올바른 말 넣기

| 바 | 비 | 큐 | 재료로 고기와 채소를 준비합니다.

| | | | 를 위해 그릴을 예열합니다.

| | | | 파티에 초대를 받았습니다.

 예쁜 글씨로 쓰기

| 바 | 비 | 큐 | 바 | 비 | 큐 | 바 | 비 | 큐 | 바 | 비 | 큐 |
| 바 | 비 | 큐 | 바 | 비 | 큐 | 바 | 비 | 큐 | 바 | 비 | 큐 |

비스킷 ⭕ / 비스켓 ❌

| 비 | 스 | 킷 | 을 누가 다 먹은 걸까?

 빈칸에 올바른 말 넣기

날씨 때문에 | 비 | 스 | 킷 | 이 눅눅해졌어.

땅콩 알레르기 있는 사람은 땅콩 | | | | 도

먹으면 안 돼.

예쁜 글씨로 쓰기

| 비 | 스 | 킷 | 비 | 스 | 킷 | 비 | 스 | 킷 | 비 | 스 | 킷 |
| 비 | 스 | 킷 | 비 | 스 | 킷 | 비 | 스 | 킷 | 비 | 스 | 킷 |

센터 ○ / 센타 ✗

걸그룹의 <u>센 터</u> 를 차지할 사람은

누구?

 빈칸에 올바른 말 넣기

<u>센 터</u> 에 키를 맡겨 주세요.

서비스 ☐☐ 를 찾아 주시면 조치를 해 드리겠습니다.

컴퓨터가 고장나서 고객 서비스 ☐☐ 를 찾아갔다.

 예쁜 글씨로 쓰기

센	터	센	터	센	터	센	터	센	터	센	터
센	터	센	터	센	터	센	터	센	터	센	터

슈퍼마켓 ⭕ / 수퍼마켓 ❌

엄마 심부름으로

| 슈 | 퍼 | 마 | 켓 | 에 가요.

 빈칸에 올바른 말 넣기

| 슈 | 퍼 | 마 | 켓 | 에서 연필을 팔까?

| | | | | 에 갈 때 장바구니를 들고 가기.

| | | | | 에서도 배달을 해 줍니다.

예쁜 글씨로 쓰기

| 슈 | 퍼 | 마 | 켓 | 슈 | 퍼 | 마 | 켓 | 슈 | 퍼 | 마 | 켓 |
| 슈 | 퍼 | 마 | 켓 | 슈 | 퍼 | 마 | 켓 | 슈 | 퍼 | 마 | 켓 |

스펀지 ○ / 스폰지 ✕

스 펀 지 도

물에 젖으면 무거워.

 빈칸에 올바른 말 넣기

스 펀 지 에 물감을 묻혀서 콕콕 찍어 봐.

목욕용 ☐☐☐ 로 팔을 문질러요.

☐☐ 로 거울을 닦았다.

 예쁜 글씨로 쓰기

스	펀	지	스	펀	지	스	펀	지
스	펀	지	스	펀	지	스	펀	지

스프링클러 ○ / 스프링쿨러 X

화재가 나면 천장에 있는

| 스 | 프 | 링 | 클 | 러 |

가

작동합니다.

빈칸에 올바른 말 넣기

| 스 | 프 | 링 | 클 | 러 |

가 제대로 작동하는지 점검할 것.

자동으로

| | | | | |

를 돌려서 농작물에

물을 줍니다.

예쁜 글씨로 쓰기

| 스 | 프 | 링 | 클 | 러 | 스 | 프 | 링 | 클 | 러 | |
| 스 | 프 | 링 | 클 | 러 | 스 | 프 | 링 | 클 | 러 | |

알레르기 〇 / 알러지 ✕

| 알 | 레 | 르 | 기 | 가 심해지면

병원에 다시 오세요.

 빈칸에 올바른 말 넣기

| 알 | 레 | 르 | 기 | 환자가 급증하는 봄.

진드기 | | | | | 때문에 몸이 가려워.

꽃가루 때문에 | | | | | 비염이 생겨.

 예쁜 글씨로 쓰기

| 알 | 레 | 르 | 기 | 알 | 레 | 르 | 기 | 알 | 레 | 르 | 기 |
| 알 | 레 | 르 | 기 | 알 | 레 | 르 | 기 | 알 | 레 | 르 | 기 |

액세서리 ⭕ / 악세서리 ❌

| 액 | 세 | 서 | 리 | 판매대에서

머리핀을 골랐어.

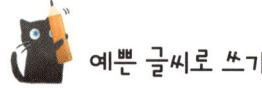

빈칸에 올바른 말 넣기

| 액 | 세 | 서 | 리 | 로 멋지게 장식하기.

휴대폰 [| | |] 가게.

이 [| |] 와 내 모자는 잘 어울린다.

예쁜 글씨로 쓰기

| 액 | 세 | 서 | 리 | 액 | 세 | 서 | 리 | 액 | 세 | 서 | 리 |
| 액 | 세 | 서 | 리 | 액 | 세 | 서 | 리 | 액 | 세 | 서 | 리 |

엘 리 베 이 터 에서

장난치지 마세요.

 빈칸에 올바른 말 넣기

엘 리 베 이 터 가 층층마다 섰다.

| | | | | 가 고장나서 15층까지 계단으로

올라갔어.

 예쁜 글씨로 쓰기

| 엘 | 리 | 베 | 이 | 터 | 엘 | 리 | 베 | 이 | 터 | |
| 엘 | 리 | 베 | 이 | 터 | 엘 | 리 | 베 | 이 | 터 | |

주스 ○ / 쥬스 ✕

망고 | 주 | 스 | 한 잔 주세요.

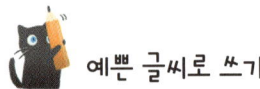 빈칸에 올바른 말 넣기

오렌지 | 주 | 스 | 는 새콤달콤해.

| | | 를 만들기 위해서는 과일이 필요해.

얼음을 넣고 시원한 딸기 | | | 를 만들어요.

예쁜 글씨로 쓰기

| 주 | 스 | 주 | 스 | 주 | 스 | 주 | 스 | 주 | 스 | 주 | 스 |
| 주 | 스 | 주 | 스 | 주 | 스 | 주 | 스 | 주 | 스 | 주 | 스 |

카페 ⭕ / 까페 ❌

당분간 카 페 의

문을 열지 않습니다.

 빈칸에 올바른 말 넣기

카 페 에 준비된 음료는 커피 종류입니다.

☐☐ 골목에서 노래하는 청년들.

☐☐ 에서 경쾌한 음악이 흘러나왔다.

 예쁜 글씨로 쓰기

카	페	카	페	카	페	카	페	카	페	카	페
카	페	카	페	카	페	카	페	카	페	카	페

칼럼니스트 ○ / 칼럼리스트 ✕

우리 이모는 영화

칼	럼	니	스	트

예요.

 빈칸에 올바른 말 넣기

유명 | 칼 | 럼 | 니 | 스 | 트 | .

신문 | | | | | 는 주장하는 글을 쓴다.

유명 맛 | | | | | 의 추천 음식점.

예쁜 글씨로 쓰기

칼	럼	니	스	트	칼	럼	니	스	트		
칼	럼	니	스	트	칼	럼	니	스	트		

캐러멜 ⭕ / 카라멜 ❌

캐	러	멜

시럽을 넣으면 달콤해.

 빈칸에 올바른 말 넣기

캐	러	멜

처럼 달콤한 음료수

밀크 ☐☐☐ 을 잘못 씹으면 이가 빠져.

자장면의 색깔은 ☐☐☐ 색소로 만들어.

예쁜 글씨로 쓰기

캐	러	멜	캐	러	멜	캐	러	멜	캐	러	멜
캐	러	멜	캐	러	멜	캐	러	멜	캐	러	멜

커피숍 ○ / 커피샵 ✕

역 앞 커 피 숍 에 사람들이

삼삼오오 모여 있다.

 빈칸에 올바른 말 넣기

커 피 숍 에서 만나기로 약속했다.

☐ ☐ 에서 커피 말고 다른 음료도 팔아.

☐ ☐ 이라는 말보다 카페라는 말을 더 많이 쓰지.

 예쁜 글씨로 쓰기

| 커 | 피 | 숍 | 커 | 피 | 숍 | 커 | 피 | 숍 | 커 | 피 | 숍 |

| 커 | 피 | 숍 | 커 | 피 | 숍 | 커 | 피 | 숍 | 커 | 피 | 숍 |

케이크 ⭕ / 케잌 ❌

케 이 크 에 꽂을

초는 몇 개가 필요하세요?

 빈칸에 올바른 말 넣기

요즘은 케 이 크 의 크기와 재료가 다양해졌어.

생일 ☐ ☐ ☐ 에 촛불을 켜고 축하해요.

우리는 딸기 ☐ ☐ ☐ 를 나누어 먹었다.

예쁜 글씨로 쓰기

케	이	크	케	이	크	케	이	크	케	이	크
케	이	크	케	이	크	케	이	크	케	이	크

케첩 ⭕ / 케챱 ❌

핫도그에 | 케 | 첩 | 뿌려 줘.

 빈칸에 올바른 말 넣기

| 케 | 첩 |에 찍어 먹으면 훨씬 맛있어요.

| | | 대신 마요네즈 주세요.

토마토 | | | 은 토마토를 끓여 만든다.

예쁜 글씨로 쓰기

| 케 | 첩 | 케 | 첩 | 케 | 첩 | 케 | 첩 | 케 | 첩 |
| 케 | 첩 | 케 | 첩 | 케 | 첩 | 케 | 첩 | 케 | 첩 |

콘텐츠 ○ / 컨텐츠 ✕

뭐든지 창작물이면

| 콘 | 텐 | 츠 |

가 될 수 있어.

 빈칸에 올바른 말 넣기

방송 | 콘 | 텐 | 츠 |

문화 | | | |

영상 | | | |

 예쁜 글씨로 쓰기

| 콘 | 텐 | 츠 | 콘 | 텐 | 츠 | 콘 | 텐 | 츠 | 콘 | 텐 | 츠 |
| 콘 | 텐 | 츠 | 콘 | 텐 | 츠 | 콘 | 텐 | 츠 | 콘 | 텐 | 츠 |

타월 ⭕ / 타올 ❌

타 월 은 각자 따로 씁니다.

빈칸에 올바른 말 넣기

타 월 을 건조기에서 말려요.

키친 ☐☐ 로 기름기를 먼저 닦아요.

☐☐ 을 차곡차곡 개어 서랍에 넣어요.

예쁜 글씨로 쓰기

| 타 | 월 | 타 | 월 | 타 | 월 | 타 | 월 | 타 | 월 |
| 타 | 월 | 타 | 월 | 타 | 월 | 타 | 월 | 타 | 월 |

파이팅 〇 / 화이팅 ✗

| 파 | 이 | 팅 | 넘치는 선수들!

 빈칸에 올바른 말 넣기

| 파 | 이 | 팅 | 은 응원할 때 가장 많이 하는 말.

| | | | 은 싸운다는 말에서 왔어.

우리 팀, | | | | !

예쁜 글씨로 쓰기

| 파 | 이 | 팅 | 파 | 이 | 팅 | 파 | 이 | 팅 | 파 | 이 | 팅 |
| 파 | 이 | 팅 | 파 | 이 | 팅 | 파 | 이 | 팅 | 파 | 이 | 팅 |

급식에 | 프 | 라 | 이 | 드 | 치 | 킨 |이

나왔네.

 빈칸에 올바른 말 넣기

| 프 | 라 | 이 | 드 | 치 | 킨 |을 기름에 튀길 때 조심해야 해.

치킨은 양념 반, | 프 | 라 | 이 | 드 | 반.

바삭바삭한 | | | | | |이 최고야!

 예쁜 글씨로 쓰기

| 프 | 라 | 이 | 드 | 치 | 킨 | 프 | 라 | 이 | 드 | 치 | 킨 |
| 프 | 라 | 이 | 드 | 치 | 킨 | 프 | 라 | 이 | 드 | 치 | 킨 |

플래카드 ○ / 플랭카드 ✗

우리는 플래카드 를 들고

응원을 나갔다.

 **빈칸에 올바른 말 넣기**

플래카드 에 크게 써 붙여.

입학을 환영하는 　　　　 가 걸렸다.

　　　　 를 들고 거리를 행진했어.

예쁜 글씨로 쓰기

플래카드　플래카드　플래카드
플래카드　플래카드　플래카드

30
올바른 외래어

비슷한 발음 뜻이 다른 말(38~89쪽 정답)

1. 얼마나 고맙던지 자꾸 눈물이 나려 했다.
가든지 말든지 네 마음대로 해.

2. 반장으로서 모범을 보여야 한다.
말로써 다 해결하려고?

3. 법률 규율 선율 합격률

4. 한 살배기 알배기 오이소박이 차돌박이

5. 개구쟁이 멋쟁이 옹기장이 대장장이

6. 벌거벗은 임금님은 옷을 입은 체했다.
의자에 앉은 채 두 손을 번쩍 들었다.

7. 인사 예절을 가르치다.
나침반이 남쪽을 가리키다.

8. 너는 우리 관계를 아주 결딴낼 작정이냐?
마침내 대통령은 최종 결단을 내렸다.

9. 결제대금 결재서류

10. 귀여운 옥동자를 낳다.
이웃이 사촌보다 낫다.

11. 유리창 너머로 우뚝 솟은 탑이 보였다.
고개를 넘어 고향 마을에 도착했다.

12. 목을 길게 늘여 창밖을 내다보았다.
재산을 늘려 부자가 되었다.

13. 우리는 서로 다른 생각을 하고 있었다.
계산을 잘못해서 틀린 답을 적고 말았어.

14. 벽돌을 둘러쌓아 담을 만들었다.
깨질까 봐 겹겹이 둘러싸다.

15. 옷장에서 낡은 옷가지들을 들어내다.
가뭄이 들어서 저수지가 바닥을 드러내다.

16. 집에 가는 길에 도서관에 들렀다.
교실에서 시끄러운 소리가 들렸다.

17. 사람들 눈에 띄면 바로 알아차릴 거야.
마스크를 하고 뛰면 견딜 수 없이 숨이 차.

18. 수요와 공급의 균형을 맞추다.
과녁의 정중앙을 맞히다.

19. 신발 끈을 꽉 매다.
책가방을 어깨에 메다.

20. 머지않아 소식이 올 것이다.
여기서 서울역까지는 멀지 않아.

21. 할아버지께 문안 인사를 드리러 갔다.
이번 시험은 무난하게 봤어.

22. 요행수를 바라지 마라.
햇빛에 종이 색이 바랬다.

23. 음료수를 쟁반에 받치고 갖고 가요.
국가와 민족을 위해 목숨을 바치고 돌아가신
애국지사들.

24. 어깨를 반듯이 펴고 걸어라.
통일은 반드시 이루어져야 한다.

25. 에디슨은 전구를 발명했다.
콜럼버스는 신대륙을 발견했다.

26. 미련을 버리다.
불매운동을 벌이다.

27. 책상을 벽에 붙이다.
학급의 안건을 회의에 부치다.
택배를 부치다.

28. 밑 빠진 독에 물 붓기.
울어서 눈이 붓다.
체중이 한꺼번에 붇다.

29. 문틈으로 햇빛이 비쳤다.
거울에 얼굴을 비추었다.

30. 급하게 마시면 사레들어.
그런 사례가 있는지 조사하다.

31. 어디선가 생선 썩은 냄새가 났다.
세 가지 재료를 섞은 요리를 했다.

32. 무슨 일이든 금세 싫증을 내는 성격.
과학 연구에 필요한 것이 논리와 실증이다.

33. 부모 속을 썩이는 짓은 그만해.
아까운 재능을 썩히지 마라.

34. 강아지를 품에 꼭 안다.
더 이상 말하고 싶지 않다.

35. 선생님은 아이들을 의자에 앉혔다.
엄마는 밥솥에 쌀을 안쳤다.

36. 열네 살에 어머니를 여읜 율곡 이이.
앙상하게 여윈 손.

37. 왠지 달갑지 않은 표정을 지었다.
오는 날도 아닌데 웬 일이니?

38. 불국사는 유래 깊은 사찰이다.
한국은 유례를 찾기 힘들 정도로 빨리 성장했다.

39. 모진 놈 옆에 있다가 벼락 맞는다.
좀 이따가 전화할게.

40. 이제까지 모은 재물을 다 기부하다.
풍년을 기원하며 제물을 바쳤다.

41. 오래 앉았더니 다리가 저리다.
소금물에 배추를 절이다.

42. 이미지 제고를 위한 아이디어가 필요합니다.
이번 결정은 재고하셔야 합니다.

43. 오늘 반찬은 조린 생선이다.
시험을 망칠까 봐 마음을 졸였다.

44. 파일럿은 항공기를 조종하는 사람이다.
선생님이 수업시간을 조정하셨다.

45. 국민의 뜻을 좇아 만든 법입니다.
쑥불을 놓아 모기를 쫓았다.

46. 그 남자는 나이가 지긋이 들어 보였다.
눈을 지그시 감고 휘파람을 불었어.

47. 암기 위주의 교육은 지양해야 합니다.
전쟁 없는 평화를 지향해야 합니다.

48. 선거의 투표 결과를 집계했다.
아빠가 집게를 들고 고기를 구웠다.

49. 기라성 같은 배우들이 출연한 영화.
동해에 출현한 아기 상어.

50. 세계적으로 K-POP이 한창 유행 중이야.
지하철역까지 가려면 한참 걸어야 해요.